PENSAMIENTO POSITIVO

Domine El Secreto Del Pensamiento Positivo Y Logre El Éxito De Por Vida

(Una Guía Práctica Para Superar Las Emociones Negativas)

Rudy Alva

Publicado Por Daniel Heath

© **Rudy Alva**

Todos los derechos reservados

Pensamiento Positivo: Domine El Secreto Del Pensamiento Positivo Y Logre El Éxito De Por Vida (Una Guía Práctica Para Superar Las Emociones Negativas)

ISBN 978-1-989808-61-0

Este documento está orientado a proporcionar información exacta y confiable con respecto al tema y asunto que trata. La publicación se vende con la idea de que el editor no esté obligado a prestar contabilidad, permitida oficialmente, u otros servicios cualificados. Si se necesita asesoramiento, legal o profesional, debería solicitar a una persona con experiencia en la profesión.

Desde una Declaración de Principios aceptada y aprobada tanto por un comité de la American Bar Association (el Colegio de Abogados de Estados Unidos) como por un comité de editores y asociaciones.

No se permite la reproducción, duplicado o transmisión de cualquier parte de este documento en cualquier medio electrónico o formato impreso. Se prohíbe de forma estricta la grabación de esta publicación así como tampoco se permite cualquier almacenamiento de este documento sin permiso escrito del editor. Todos los derechos reservados.

Se establece que la información que contiene este documento es veraz y coherente, ya que cualquier responsabilidad, en términos de falta de atención o de otro tipo, por el uso o abuso de cualquier política, proceso o dirección contenida en este documento será responsabilidad exclusiva y absoluta del lector receptor. Bajo ninguna circunstancia se hará responsable o culpable de forma legal al editor por cualquier reparación, daños o pérdida monetaria debido a la información aquí contenida, ya sea de forma directa o indirectamente.

Los respectivos autores son propietarios de todos los derechos de autor que no están en posesión del editor.

La información aquí contenida se ofrece únicamente con fines informativos y, como tal, es universal. La presentación de la información se realiza sin contrato ni ningún tipo de garantía.

Las marcas registradas utilizadas son sin ningún tipo de consentimiento y la publicación de la marca registrada es sin el permiso o respaldo del propietario de esta. Todas las marcas registradas y demás marcas incluidas en este libro son solo para fines de aclaración y son propiedad de los mismos propietarios, no están afiliadas a este documento.

TABLA DE CONTENIDO

Parte 1 1

Introducción 2

EL MAYOR OBSTÁCULO QUE NECESITARÁS PARA SUPERAR 3
DOS LECCIONES IMPORTANTES 8
LA CONTINUA BATALLA ENTRE LA POSITIVIDAD Y LA NEUTRALIDAD 9
TU MAYOR OBSTÁCULO 10

La Sorprendente Y Más Poderosa Creencia Que Puedes Tener 12

NACISTE PARA TENER ÉXITO 17
LOS DETALLES DE TUS OBJETIVOS 18
EJERCICIO DE PENSAMIENTO POSITIVO 21

Tus Emociones No Están De Tu Lado 22

POSITIVIDAD EJERCICIO-MEDITACIÓN 26

Explorando El Verdadero Potencial De Tu Mente 27

AUTOSUGESTIÓN - LA HISTORIA DE BILL MCCALL 30
EJERCICIO DE PENSAMIENTO POSITIVO - AUTOSUGESTIÓN 33

Falla Tu Camino A La Victoria 33

EJERCICIO DE PENSAMIENTO POSITIVO - TOMANDO UNA VISIÓN MÁS AMPLIA 38

Los Beneficios De Tener Un Problema 39

EJERCICIO DE PENSAMIENTO POSITIVO - REPLANTEO POSITIVO 41
LA HISTORIA DE CHARLIE WARD 41
LA DECLARACIÓN "HAZLO" 43

El Ingrediente Secreto Más Importante Para Todo Éxito 44

LA HISTORIA DE WILL SMITH 47
EJERCICIO DE POSITIVIDAD - INSTIL CREENCIA 49

Conclusión 51

Parte 2 52

El Poder De La Energia Positiva 53

LA ACTITUD ES LA CLAVE DEL ÉXITO. 53
EL PENSAMIENTO POSITIVO LO ES TODO...................................... 54
LA ACTITUD DEL TRABAJO EN EQUIPO.. 56
LA BUENA VIRTUD Y LA PERSONALIDAD CREAN UNA ACTITUD POSITIVA
.... 57
FACTORES QUE INFLUENCIAN TU ACTITUD..................................... 60
LA EDUCACIÓN 60
LA EXPERIENCIA 61
EL ENTORNO 62
VENTAJAS DE LA ACTITUD POSITIVA 64

Cambiando Tu Actitud 67

ENFÓCATE EN LO POSITIVO 69
ES AHORA O NUNCA 70
CONSTRUIR UNA AUTOESTIMA POSITIVA...................................... 72
DESHAZTE DEL ORGULLO 73
EVITANDO LA NEGATIVIDAD... 74
¿CÓMO DEFINIRÍAS "EL ÉXITO"? 74

Trabajando Hacia El 75

Éxito Masivo 75

LOS OBSTÁCULOS AL ÉXITO 77
EL FRACASO – UNA OPORTUNIDAD 78

La Vida Es La Tercera Ley De Movimiento De Newton 82

EL MANTRA DEL ÉXITO.. 82
LA PERSONALIDAD 83
LA MOTIVACIÓN... 84
SER RESPONSABLE 84
UN SENTIDO DE COMPROMISO... 87
LA PERSEVERANCIA.. 87
EL CORAJE Y EL TRABAJO DURO 88
RESPETA A TUS MENTORES 89
MIENTRAS MÁS DAS, MÁS RECIBES... 91

No Te Sientas Tímido En Admitir Tu Culpa 92
¿Por Qué No Son Todos Exitosos? 93

Planeación Inadecuada 94
Darte Por Vencido 95
Buscando Resultados Instantáneos 96
Incapacidad Para Asumir Riesgos 97
Egoísmo 98
Sin Confianza 98
No Entender La Ley De Retornos 99
Miedo Al Fracaso 100
Incapacidad De Aprender De Los Errores 100
Indisciplina 101
Falta De Coraje 102
La Ignorancia 103
Falta De Trabajo 104
La Incapacidad Para Reconocer La Oportunidad 105

Creando Un Yo Positivo 106

Aceptar La Responsabilidad 106
Lo Que Dices Importa 107
La Crítica Innecesaria 108
Ser Amable Y Considerado 111
Aceptando Las Cosas Con Luz Positiva 112
Ser Un Buen Oyente 114
Ser Honesto Con Las Personas 116
Aceptando Tus Errores. 118
El Dialogo Es Mejor Que Las Discusiones 119
Mantenerse Apartado De Los Chimes. 120
Cumpliendo Promesas 121
Oportunidades Disponibles 122
Superando El Miedo 123
Disciplina 124
Mantenerte Enfocado 125
Sueña, Solo En Triunfar 128
Cuida Tus Objetivos 134
Los Objetivos Deben Ser Consistentes Con Tus Valores 135

Acción y Logro 137
Objetivos Sin Dirección 138

Parte 1

Introducción

Cuando aprendes a poner tu cerebro a tu lado, la vida parece ser más fácil. Nuestra felicidad, capacidad para alcanzar el éxito y resolver problemas en nuestras vidas, todo gira en torno a cómo usamos lo que tenemos. A los mejores jugadores de póker del mundo se les puede dar una terrible mano de cartas y, al mismo tiempo, darle la vuelta para que ganen la ronda. Este libro es una guía para comenzar a entrenarte para ver el mundo desde una perspectiva completamente diferente. Puede cambiar la forma en que funciona su cerebro, para que funcione de la manera más beneficiosa posible para usted. Puedes obtener la salud, la riqueza y la felicidad que deseas al aprender a poner tu cerebro de tu lado.

Este libro te enseñará lo siguiente:
- Cómo dominar tu mente, así que

funciona para ti.
- La creencia más empoderadora que puedes desarrollar.
- Cómo lidiar con las fallas y usarlas para impulsarte hacia adelante.
- Cómo acceder a tu verdadero potencial creativo.
- La clave que falta para aprender cualquier habilidad y lograr el éxito que deseas.
- ...y mucho más.

Cuanto antes cambie la forma en que funciona su cerebro, antes obtendrá los resultados que desea en la vida. Gracias por comprar este libro y disfrutar.

El mayor obstáculo que necesitarás para superar

Cuando cambias la forma en que percibes los eventos, los eventos cambian en consecuencia. Gran parte de nuestra idea de la realidad se basa en lo que nuestra mente elige enfocar. Nuestro cerebro crea filtros para la información que apenas conocemos. Es una ventaja extrema poder ayudar a elegir y guiar estos filtros para adaptarlos a nuestros intereses.

Si desea evidencia de esto, puede simplemente buscar la prueba de conciencia famosa de Daniel Simmons. En la prueba, se le pide que cuente cuántas veces el equipo en blanco pasa la pelota de baloncesto. Entonces, al final de la prueba, te sorprendes diciendo "Oh, eso fue fácil", en la gloria de tu logro. A continuación, sin embargo, toma un giro inesperado y le pregunta si se dio cuenta del gorila en el medio de ella. Si rebobinas el video y lo miras de nuevo, es bastante claro que hay un hombre vestido como un gorila que entró, sin dudarlo, se golpeó el pecho y luego salió. La mayoría de la gente nunca supo que él estaba allí. Imagina que tuviste este tipo de punto ciego hacia el éxito. Es posible que se hayan presentado oportunidades y, debido a la forma en que percibes el mundo, es posible que ni siquiera las hayas visto o notado. Esto es lo que le pasa a su pensador negativo estándar todo el tiempo, porque ven el mundo desde una perspectiva negativa. Podrían presentarse oportunidades y eventos positivos, pero apenas son reconocidos por esto.

Para ilustrar más a fondo esta idea, analicemos la historia de una persona llamada "SB Fuller". El Sr. Fuller pertenecía a una familia de agricultores negros en el estado de Louisiana. Comenzó a trabajar cuando tenía apenas cinco años. Esta situación prevalecía entre los agricultores arrendatarios. Su familia era tan pobre que Samuel se vio obligado a abandonar la escuela en sexto grado para ayudar a su familia. La madre de Samuel le inculcó la idea de que no siempre hay que ser pobre, que era posible cambiar las circunstancias. Una idea puede ser contagiosa; It puede hacerse cargo de toda su mente y cambiar el mundo a su alrededor. En las palabras de Leonardo Di Caprio en la película Inception, "Una sola idea de la mente humana puede construir ciudades. Una idea puede transformar el mundo y reescribir todas las reglas". Esto es lo que le sucedió a Samuel, estaba decidido a cambiar sus circunstancias y creía sinceramente que podía hacerse.

Vendió jabones durante doce años. Aprendió la importancia de la paciencia, el trabajo duro y los pensamientos positivos. Luego pasó a comprar la compañía que produjo los jabones que estaba vendiendo y fundó Fuller Products. Tuvo tanto éxito que pudo comprar siete negocios más.

Es importante señalar que la mayoría de las personas tenía más ventajas que las que tenía el Sr. Fuller. Sin embargo, tenía una gran meta e hizo todo lo que pudo para alcanzarla. Obviamente, establecer metas es algo personal. Establecerá sus objetivos en función de sus criterios preferidos. Algunas personas no quieren manejar grandes corporaciones. Algunas personas no quieren ser grandes artistas o pintores. Las metas difieren de persona a persona.

Independientemente de sus objetivos, puede ser la persona que desea que use su mente para ayudar a atraer las cosas que desea en el mundo y ver su realidad de la manera más beneficiosa para usted.

Para alcanzar la grandeza, es una gran ventaja ser apasionado por lo que estás trabajando. Steve Jobs dio una entrevista bastante famosa junto a Bill Gates en la conferencia D5 en 2007. Afirmó que a menudo la diferencia entre las personas que tienen éxito en la sociedad es que las personas que tienen éxito aman lo que hacen. A medida que él explica sobre las personas que lo hacen, "Muchas veces son los que aman lo que hacen, para que puedan perseverar cuando se pone realmente difícil. Y los que no lo aman, renuncian. Porque están s ane , ¿verdad? ¿Quién soportaría esto si no te gusta? " El amor por lo que haces te ayudará a superar los momentos difíciles en que otros se dan por vencidos.

Dos lecciones importantes

Henry J. Kaiser fue considerado el padre de la construcción naval estadounidense moderna y fundador de Kaiser Family Foundation, que es una organización sin fines de lucro. Aprendió dos lecciones importantes que lo llevaron a un gran éxito de su madre (Mary Kaiser). Estas lecciones ayudaron a crear las creencias fundamentales que lo ayudaron a alcanzar el éxito que tuvo. Tlecciones stos son:

- Puede obtener las cosas que desea en la vida si está dispuesto a trabajar para ellos y hacer el esfuerzo. Si está dispuesto a trabajar y cambia la forma en que ve el trabajo; Entonces puedes aprender a disfrutarlo. El Sr. Kaiser consideró esta "alegría" como un regalo sin precio. Cuando disfrute del proceso, ya habrá ganado, y los resultados comenzarán a encajar como una ventaja adicional.

- Dar y amar a las personas es dos de las cosas más satisfactorias que puedes hacer.

La continua batalla entre la positividad y la neutralidad

Al pensar positivamente, puedes atraer las cosas que quieres tener en la vida. El pensamiento negativo, sin embargo, puede minar tu energía y hacer de tu vida una pesadilla sin fin.

El pensamiento positivo implica las siguientes palabras (y las características que representan): esperanza, coraje, tacto, optimismo, fe, tolerancia, integridad, amabilidad, generosidad y sentido común. Una persona que tiene un pensamiento positivo establece objetivos elevados y hace todo lo que está a su alcance para lograrlos, y luego algunos.

El pensamiento negativo es exactamente lo opuesto al pensamiento positivo.

Tu mayor obstáculo

Piensa en todos tus grandes detractores. Todas las personas que te arrastran y te quitan la creencia de que puedes hacer las cosas que quieras. Los obstáculos que te impiden llegar a donde quieres estar. Es triste decirlo, pero probablemente estés pensando en la familia y amigos cercanos. Había una mujer llamada Lisa en una cita, estaba toda vestida y ya sentada en la mesa esperando su cita. El teléfono de Lisa vibra. Ella mira el mensaje y ve que su fecha ha sido cancelada en ella. Ella telefonea a su amiga y su amiga luego baja para conocerla y consolarla. Cuando Lisa se encuentra con su amiga y comienza a explicar, su amiga responde: "Es porque eres demasiado gordo y tu cabello, simplemente no está bien". La mujer se lo toma muy mal. Este no es un muy buen amigo para tener. Solo que Lisa nunca llamó a su amiga, la persona que dijo esas cosas fue Lisa. Fueron sus pensamientos los que decían estas cosas, en un momento en que ella necesitaba consuelo. Si es otra persona, estarías desconcertado, pero cuando estamos hablando, parece que no tenemos ningún problema en aceptarlo. La historia es de un psicólogo llamado Guy Winch y trata de mostrar al lector lo difícil que podemos ser para nosotros mismos en los momentos en que necesitamos consuelo. Las otras personas no son tu mayor obstáculo, tú eres. La única forma en que la gente del exterior puede llegar a usted es si usted lo permite. Eres la persona más influyente en tu vida.

En el momento en que utilice el pensamiento positivo, conocerá a la persona más importante en su vida. Bueno, USTED es esa persona importante (en lo que concierne a su vida y futuro). Los capítulos restantes de este libro le brindarán diferentes principios relacionados con el pensamiento positivo. Al dominar estos principios, tu mente será más poderosa. En consecuencia, aumentará drásticamente sus posibilidades de éxito hacia sus objetivos en la vida (por ejemplo, riqueza, salud, éxito, felicidad, etc.).

La sorprendente y más poderosa creencia que puedes tener

La mayoría de las personas han experimentado un duro fracaso en algún momento de sus vidas. Si no lo has hecho, entonces realmente no has intentado lograr nada de valor significativo, ya que los verdaderos triunfos deben ser obtenidos. Cuando se enfrenta al fracaso, la respuesta moderna parece ser una excusa. Hay una variedad tan amplia de excusas que el ser humano moderno podría usar. Todo, desde que crecí en un hogar malo hasta que la persona que realizó la entrevista era alguien que simplemente no me caía bien. Les presentaré una manera de pensar muy dura y extrema. A pesar de que es duro, es empoderador. Si un problema o situación lo tiene, es culpa suya. Si piensas así, podrás hacer cosas que otras personas no podrían soñar porque piensas de manera diferente a como lo hacen ellos.

Si piensas de esta manera y no te das la satisfacción de tener excusas para nada, el éxito solo vendrá como un subproducto. Si algo te tiene en la ecuación, asume la plena responsabilidad por ello. Adivina qué, si es tu culpa, eso significa que tienes el poder de cambiarlo. Por ejemplo, si fallas en una entrevista de trabajo, es tu culpa. Si antes de esa entrevista hubiera trabajado en usted mismo, asistió a conferencias adicionales, seminarios adicionales, leyó libros adicionales y realmente aprovechó al máximo sus habilidades, ¿tendría el trabajo? No es responsabilidad de las personas que toman las entrevistas de trabajo conseguirle un trabajo. Es su responsabilidad conseguir a la persona que será más útil para ellos. Si hubiera estudiado mucho más allá de los medios que se esperaría para ese trabajo, y si hubiera ido más allá y más allá, y entre usted y otra persona. Es posible que les guste mucho más a la otra persona, pero si usted ganaría a la compañía $ 50,000 adicionales al año, entonces el 99% de las veces, irán con usted. Si miras hacia atrás en tu vida, piensa en todas las cosas que podrías haber hecho si tuvieras esta mentalidad. Otro ejemplo sería: si eres un atleta y comienzas a jugar mal, y dejas que tus oponentes o la multitud te atrapen. Asumir la responsabilidad de ello. Es su responsabilidad volverse más resistente mentalmente. Si no sabe cómo hacerlo, busque libros y léalos o simplemente búsquelos en Google. En un mundo ideal, ese obstáculo no estaría allí, pero este no es un mundo ideal, así que depende de ti.

Parece ser un fenómeno común para las personas creer que no nacieron con el talento que se necesita para hacer grandes cosas. Es nuestra responsabilidad hacer lo mejor con lo que tenemos. No soy una persona religiosa, tengo una mentalidad más científica pero muchas veces las personas culpan a Dios por su situación y esperan que Dios los elija para ganar la lotería o alguna intervención divina para cambiar su vida. Cuando era más joven, mi familia era religiosa, así que fui a la iglesia. Recuerdo una historia particular que contó uno de los sacerdotes, que es la siguiente.Se pronosticó una gran tormenta que llegaría a la ciudad y se pidió a las personas que evacuaran. Había un hombre al que llamaremos Tom. Los vecinos llamaron a su puerta y dijeron: "Tom, necesitamos salir de aquí, la tormenta está llegando". Tom respondió: "No, no lo haré, Dios me salvará". Pasan un par de horas y el pueblo comienza a inundarse. La gente del pueblo llama a la puerta de Tom, esta vez, están en un bote debido a la inundación. Ellos gritan: "Tom, tienes que venir con nosotros ahora, ¡es posible que no podamos llegar a ti más tarde!" Tom respondió: "No, Dios me salvará". Pasan unas pocas horas más y el nivel del agua sube tanto que inunda la casa y Tom está sentado en el techo. La gente viene en un helicóptero esta vez y dice: "Tom, tienes que venir ahora, ¡vas a morir!" Una vez más Tom dice "No, Dios me salvará". Finalmente, Tom muere, y él va al cielo y se enfrenta a Dios. Él pregunta: "Dios, ¿por qué no me salvaste?" Dios responde: "Te envié un auto, un bote y un helicóptero, ¿qué más quieres?" Básicamente, el punto de la historia es, no espere a que ocurran milagros, haga todo lo que esté a su alcance para hacerlos realidad.

Aquí hay una idea importante que debes recordar: si quieres cambiar tu mundo, debes comenzar por ti mismo. Una vez que te conviertas en tu "mejor yo", tu mundo también estará en su mejor forma. Esta es la idea central detrás del pensamiento positivo. Si tiene una actitud positiva, puede superar sus problemas o puede cambiar la forma en que los ve.

Naciste para tener éxito

Genéticamente no hay nadie como tú. Eres único, incluso si tienes un hermano / a gemelo, tus huellas dactilares y la forma en que se desarrolla tu cerebro es diferente. Nadie en el mundo nació como tú. Además, nadie nacerá como tú nunca más. Usted es una colección de átomos formados de una manera particularmente única que nunca se reproducirá. No creo que alguna vez se nos hayan dado sueños que no debíamos cumplir . Creo que son nuestro llamado a la acción de nuestras almas, y si al menos no intentamos por ellas, pasamos el resto de nuestras vidas lidiando con el dolor del "qué pasaría si". Creo que hay una razón por la que siempre somos la estrella de nuestros propios sueños; Creo que es nuestro subconsciente que nos dice que vayamos y alcancemos estas cosas más importantes.

Los detalles de tus objetivos

El pensamiento positivo y los objetivos específicos son el comienzo de cualquier éxito significativo. Recuerde que el mundo cambia todos los días, incluso si desea que las cosas sigan como están. Puede ayudar a guiar estos cambios y cambiar su dirección general. Puedes elegir tus objetivos. Después de identificar tus metas, ve tras ellas. Intenta desarrollarte en las siguientes áreas para maximizar tu probabilidad de éxito.
  1. Entusiasmo
  2. Pensamiento organizado
  3. Creatividad

4. Iniciativa
5. Atención
6. Autodisciplina
7. Capacidad para presupuestar recursos (es decir, dinero y tiempo)

Según un estudio reciente, el 98% de las personas que no están contentas con su "universo actual" no saben el tipo de universo en el que quieren estar. Este hecho es completamente asombroso.Significa que muchas personas viven su vida sin rumbo, descontentos, luchando contra innumerables cosas pero sin un objetivo específico. En este punto, ¿puedes enumerar tus metas en la vida?Establecer "metas fijas" puede ser difícil. En realidad, puede implicar autoexámenes largos y dolorosos. Este ejercicio vale la pena, sin embargo, independientemente de los costos que implique.Tan pronto como establezca un objetivo específico, disfrutará de los siguientes beneficios:

1. Tu mente funcionará de acuerdo con un principio universal: "Si puedes pensar en ello y creer en él, puedes lograrlo". Ya que estás visualizando tu objetivo, tu mente funcionará según tus propias sugerencias. Como resultado, tu mente te ayudará a llegar a tus destinos.
2. Ya que usted es consciente de su objetivo, podrá encontrar el camino correcto e ir en la dirección correcta. Estarás orientado a la acción.
3. Si usas el pensamiento positivo, puedes hacerlo. Puedes aprender a disfrutar de tus tareas. Estarás motivado para hacer las cosas importantes. Tu entusiasmo mejorará a medida que visualices más tus metas. Como eres entusiasta, el deseo se convierte en tu pasión ardiente.
4. Puedes identificar oportunidades tan pronto como se presenten. Usted sabe lo que quiere obtener, por lo que sus sentidos están más en sintonía con la búsqueda de oportunidades relacionadas con sus metas.

Ejercicio de pensamiento positivo

Recuerda muchos de los eventos en los que te involucraste personalmente y que no te fueron tan bien como esperabas. Ahora quiero que aceptes la responsabilidad total por ellos. Incluso si el problema fuera solo tu culpa del 1%, piensa en cómo podrías haberlo hecho incluso una fracción mejor. Piensa en qué formas podrías haber hecho más y cambiado las probabilidades a más a tufavor . Sé lo que estás pensando: "Un libro sobre la positividad que me obliga a hacer esto, ¿de qué se trata?" Sin embargo, tienes que confiar en mí, lo ves tan pronto como aceptas la responsabilidad, te empoderas. Ves el Universo de una manera diferente. No ves como algo que te afecta, sino algo que tienes el poder de cambiar. No se castigue por estas fallas, solo acepte la responsabilidad, aprenda qué haría mejor la próxima vez y continúe.

Tus emociones no están de tu lado

La mente de un humano contiene ciertos pensamientos e ideas que actúan como "telarañas" que afectan los procesos dentro de ella. Incluso las mentes más brillantes sufren por ello. Los hábitos negativos, las pasiones, los sentimientos, las creencias y las emociones actúan como telarañas que arruinan la velocidad y la claridad de sus procesos de pensamiento. Piensa en todas las veces que algo malo ha sucedido, lo que hace que lo revivas una y otra vez en tu cabeza. No sirve de nada revivir el evento pasado en tu cabeza si ya no puedes hacer nada al respecto. Sin embargo, hacemos esto, e inhibe nuestra capacidad de volver a ese espacio de cabeza de trabajo. La inteligencia emocional es de suma importancia cuando se trata de éxito; así que poder cambiar una situación y pensar positivamente es una habilidad extremadamente útil. Cuando te atrapes en una de estas situaciones, trata de romper el bucle de pensamiento. Establece un temporizador de 3 minutos y te obligas a pensar en otra cosa, piensa en algo mundano. Enfócate en eso sin importar qué y sé estricto al respecto. Incluso hacer esto durante 2 minutos ayudará a romper los lazos de pensamiento, para que pueda volver al trabajo.

En algunos casos, usted tiene malos hábitos que necesita corregir. Algunas situaciones, te atraen con gratificación instantánea, pagos instantáneos, pero tomar la salida fácil se convierte en una mosca que quedó atrapada en la red de una araña, y experimentas problemas para liberarte. Tu "real" chocará con tus instintos primarios para obtener beneficios instantáneos, relieves instantáneos o una victoria menor. Nuestras emociones e instintos muchas veces no están en nuestro momento. Muchas personas se rinden y sufren de enfrentamientos mentales. Algunas personas, por otro lado, descubren cómo usar su voluntad consciente para acceder a su subconsciente. Esta es un arma extremadamente útil en tu arsenal. Tener éxito a través del Pensamiento Positivo le enseñará cómo utilizar sus poderes conscientes y subconscientes.

Solo eres un ser humano. Seguramente quedarás atrapado en estas telas metafóricas dentro de tu cabeza. Cuando te atrapen, tendrás problemas para liberarte; que Will sea toba. Sin embargo, tienes una cosa que puedes controlar completamente, tu actitud mental. Puedes limpiar tus telarañas mentales. Destruyes estas "webs" incluso antes de que se formen. Con el pensamiento positivo, puedes aprender a enfrentar cualquier obstáculo.

Puede utilizar la "destreza de pensamiento" y el pensamiento positivo para mantener la claridad en su mente.

Hubo un experimento realizado con niños en la Universidad de Stanford. El título del experimento fue apodado como "El Experimento de Malvavisco" y siguió estas líneas; Los Dren chil se presentaron con un bombón colocado delante de ellos. Luego se les dijo que podían comer el malvavisco ahora o podían esperar, y la persona que realiza la prueba les daría dos. Los niños se quedaron solos por un tiempo por vez con su malvavisco. Algunos niños comieron el malvavisco, mientras que otros lograron durar los 15 minutos aproximadamente y obtuvieron su recompensa. Lo interesante, sin embargo, es cuando siguieron a los niños años más tarde. Los niños que pudieron ocultar la gratificación instantánea por la recompensa de dos malvaviscos mostraron una correlación directa con los puntajes más altos en los exámenes. Debido a la capacidad de poder guardar una recompensa instantánea para lograr una mejor recompensa, la calidad sugerida por los resultados les permitió sufrir un "dolor" momentáneo en este caso, estudiando para un objetivo final más alto que en este caso era logrando mejores calificaciones. Es de suma importancia poder demorar la gratificación para lograr el éxito por el que te esfuerzas. Es una habilidad mental que puedes desarrollar.

Positividad Ejercicio-Meditación

Aprender a meditar puede ayudarlo a entrenar, no deje que sus emociones se interpongan en el camino del juicio claro. También es uno de los únicos métodos comprobados que te hace más feliz.Si no lo has probado, definitivamente vale la pena intentarlo. También mejora la función cerebral superior y la potencia de la fuerza, ya que desarrolla la corteza prefrontal en el cerebro, que es básicamente la parte del cerebro de donde proviene la fuerza de la voluntad. Si no estás seguro de cómo hacerlo, tengo un libro sobre la felicidad que lo profundiza bastante y lo vincularé al final, o simplemente puedes buscar otros libros sobre él. Es una herramienta poderosa.

Explorando el verdadero potencial de tu mente

Nuestros cerebros están continuamente realizando acciones que no tenemos idea de que están sucediendo. Nuestro cerebro está constantemente haciendo cosas como monitorear nuestrosmecanismos de defensa inmune , reemplazar células e incluso resolver problemas en la parte posterior de su subconsciente. Su subconsciente es una parte de su cerebro que trabaja en segundo plano para resolver problemas cotidianos y guiarlo continuamente en direcciones de las que tal vez ni siquiera esté al tanto. ¿Alguna vez te has quedado estancado en un determinado tema y no pudiste ver una respuesta, no importa en qué medida te concentraste, simplemente no venía? La parte de tu cerebro que estás utilizando aquí es tu mente consciente. Luego haces algo diferente, por ejemplo, sales a cortar el césped en el jardín y sucede algo asombroso. La respuesta solo viene a ti. La razón por la que esto sucede es porque la parte lógica de nuestro cerebro, que es el lado izquierdo del cerebro, es muy buena para el razonamiento y el pensamiento lineal. Sin embargo, muchas veces se atasca en una rutina y no es lo suficientemente creativo para salir de ella. Sin embargo, el lado derecho del cerebro es la parte creativa, pero funciona mejor en segundo plano y no pensando conscientemente. Entonces, cuando dejas de concentrarte en el lado izquierdo del cerebro, el cerebro derecho puede ocuparse del problema en cuestión y ayudarte a resolverlo.

La autosugestión es una forma de influir en su subconsciente para que lo guíe por un camino que desee seguir. Este es un ejemplo de cómo su subconsciente lo guía en un camino que quizás ni conozca. Si está comenzando una relación y, en el fondo, no cree que sea lo suficientemente bueno para la persona, puede comportarse de una manera que intenta compensar en exceso por esto, lo que ahoga a su pareja y la aleja. Si en el fondo, aunque fueras al menos igual a su valor, te comportarías de una manera más sostenible.

Puedes pensar que la autosugestión y la forma en que hablamos con nuestros cerebros es irrelevante o alguna técnica mágica insulsa. Sin embargo, hay una gran cantidad de evidencia científica que lo respalda. Por ejemplo, hay una cosa llamada efecto placebo que se ha demostrado de manera sorprendente una y otra vez. Si un paciente piensa que está tomando un medicamento que ayuda a curar su enfermedad, muchas veces su enfermedad se curará independientemente de si el medicamento es real o simplemente una tableta falsa. Incluso demostraba que las personas que pensaban que se sometieron a una cirugía de rodilla experimentaron alivio del dolor de rodilla a pesar de que la cirugía ni siquiera se realizó. El subconsciente es poderoso e influye en todo lo que hacemos, por lo que es hora de controlarlo.

Autosugestión - La historia de Bill McCall

Bill McCall, que era un popular político australiano, fracasó cuando estableció su primer negocio. Sufrió el mismo destino la primera vez que corrió a una oficina del gobierno. En lugar de renunciar, se motivó más. Leyó diferentes libros inspiradores para obtener el conocimiento que necesitaba. Obligó a su mente a pensar positivamente a pesar de que todo parecía estar en contra de él. Un libro llamado "Piense y hágase rico" le enseñó esta técnica importante y efectiva. Usando la técnica de la autosugestión, se obligó a llenar su mente con pensamientos creativos y positivos.

Escribió sus sueños en un pedazo de papel y los leyó regularmente. Leyó esas declaraciones también : con pasión y entusiasmo. Con esta técnica, sintió que ya poseía las cosas que quería tener. En consecuencia, desarrolló los hábitos y procesos de pensamiento requeridos por sus sueños.

Este es un ejercicio de autosugestión. Escribe tus metas en un papel. Léelos a ti mismo todas las mañanas y todas las noches antes de irte a dormir. Esto solo no es suficiente para alterar significativamente su subconsciente. Para ampliar esto, podría decir estos objetivos miles de veces al día, y esto tendría un efecto más significativo. Sin embargo, hay una manera más eficiente.Básicamente, nuestro subconsciente escuchará las ideas que se repiten una y otra vez porque deben ser significativas o por qué se repetirían tantas veces, pero también pondrá importancia detrás de las ideas asociadas a las emociones fuertes. Cuando su subconsciente vea que hay una idea con mucha emoción asociada a ella, el subconsciente lanzará esto al frente de la señal de importancia. De modo que cuando lea estas ideas, visualícelas, concéntrese en desarrollar su estado emocional, sus niveles de adrenalina, sienta la emoción y visualícela con tanta fuerza que ya está allí, y podrá notar cómo se siente. Si comienza a realizar este tipo de entrenamiento para sus objetivos principales todos los días, algo poderoso comienza a suceder. Sus emociones y su subconsciente comienzan a guiarlo para encontrar las maneras de alcanzar estos objetivos. Si se presenta una oportunidad, su subconsciente se concentrará en ella y lo obligará a prestarle atención; Será como si estuvieras dispuesto a hacerlo. Como si una fuerza de gravedad te estuviera tirando.

Según el Sr. McCall, la efectividad de la autosugestión depende de su capacidad para concentrarse en un deseo particular hasta que se convierta en una pasión ardiente.

Ejercicio de Pensamiento Positivo - Autosugestión

Comienza a probar la autosugestión para volver a cablear tu cerebro para obtener las cosas que deseas. Tenga cuidado al influir en su subconsciente que está imaginando que lo hace y tendrá las cosas en las que está enfocado. Por ejemplo, una cosa mala que se debe decir al influir en su subconsciente sería: "Necesito un millón de dólares", ya que todo esto le diría a su subconsciente, porque no tiene un millón de dólares que no es lo suficientemente bueno. Concéntrese en imaginar cosas como tener el millón de dólares, de esta manera su subconsciente lo guiará hacia él.

Falla tu camino a la victoria

¿Has experimentado el fracaso incluso después de dar todo lo que tienes?

Es posible que haya fallado debido a su incapacidad para identificar y / o utilizar algo, que esté relacionado con su objetivo. Según Euclides de Alejandría (conocido como el padre de la geometría), un objeto es igual a la totalidad de sus partes, pero posee mayor valor que cualquiera de sus partes individuales. Puede vincular, incorporar y aplicar esta declaración a cualquier salida o tarea que desee.

El pensamiento negativo sirve como una de las principales causas de fracaso. Te hace ignorar poderes importantes, hechos y leyes universales. Debido al pensamiento negativo, no puede aplicar sus habilidades y conocimientos sobre las actividades que necesita hacer. No puedes usar, influenciar o controlar poderes que son importantes para tus tareas.

Si estás empleando el pensamiento positivo, continuarás intentando. Se esforzará por encontrar todas las "piezas faltantes". Tenga en cuenta que el fracaso se produce en personas que, al enfrentar una pérdida, no buscan las piezas faltantes.

Las cosas serán extremadamente fáciles una vez que entiendas las "piezas faltantes" y obtengas los conocimientos necesarios. Si le das un rompecabezas complejo a un niño, puede que no lo resuelva de inmediato. Si continúa estudiando el rompecabezas, eventualmente aprenderá cómo juntar las piezas del rompecabezas. Luego, puede resolverlo rápida y fácilmente después de varios intentos más.

Thomas Edison es el inventor de la bombilla, el fonógrafo y la cámara de cine por nombrar algunos. En la escuela, se le dijo que era demasiado estúpido para aprender algo y que debía confiar en sus buenos modales para llevarlo a la vida. Edison Famously falló aproximadamente mil veces antes de hacer la primera bombilla que funcionaba. Si Edison se había rendido incluso después de los primeros cien fracasos, ¿qué tan diferente sería nuestro mundo hoy? Mantuvo la fe y creyó en lo que estaba haciendo y siguió luchando por su objetivo a pesar de una enorme cantidad de contratiempos. Hay una frase utilizada en el mundo de la ciencia que dice que no existe un experimento fallido mientras el experimento le proporcione nuevos comentarios. Edison tuvo que descubrir qué mil maneras no funcionaban para encontrar una que sí.

Si aún estás en la mentalidad de "no debo fracasar para lograr el éxito", aquí hay algunos fallos más famosos. MICHAEL Jordan fue cortado de su equipo de baloncesto de la escuela dos veces, pero sin embargo se convirtió en posiblemente el mejor jugador de baloncesto de todos los tiempos. Oprah Winfrey fue despedida de su primer trabajo como reportera de televisión porque "no era apta para la televisión". Ahora es dueña de su propia red. Albert Einstein no pudo hablar hasta que tenía cuatro años, era un estudiante promedio en toda la escuela y no pudo ingresar a su primera universidad elección. luego, más tarde, desarrolló la capacidad de aplicar modelos matemáticos para la física y la ciencia cambiada día mo Dern. Walt Disney fundador de Disney fue despedido por el editor de un periódico porque "carecía de imaginación." el fracaso es un paso a paso piedra para el éxito, así que anticipalo. A menudo, el fracaso puede ser el catalizador, el motivador del éxito, puede darte fuerza e impulso, pero no te rindas.

Si tiene una fórmula para el éxito, puede ganar millones de dólares. Si pierde dinero, tiene la opción de recuperarlo (o incluso superar sus riquezas anteriores). Sólo tienes que determinar y aplicar la fórmula o el éxito. Tener éxito en su primer intento a menudo no lo ayudará a descubrir la fórmula para su éxito. Puede fallar en su próximo intento ya que no aprendió nada durante su primerintento, podría haber sido simplemente suerte. La adaptación a los cambios en su entorno se vuelve fácil si conoce la fórmula para el éxito y acepta los desafíos. A través del fracaso, aprendes la importancia de la perseverancia y cómo es la calidad del ganador.

Ejercicio de pensamiento positivo - Tomando una visión más amplia

Nunca sabemos qué eventos son buenos y malos a largo plazo. Algo que podrías percibir como un mal evento, podría llevar al mayor logro en tu vida. Despedirte podría ponerte en el camino para conseguir el trabajo de tus sueños. Intente verlo en la escala más grande, realmente no sabemos qué eventos son buenos o malos. Intente tener una visión más amplia de sus fallos y hacia dónde los condujo.

Los beneficios de tener un problema

Los problemas siempre surgirán sin importar qué, si se trata de una navegación simple en el momento en que debería anticipar una tormenta. Es, por lo tanto, un beneficio cambiar la forma en que ve los problemas y voltear el script en ellos. Consúltelos como sea necesario para lograr lo mejor, desarrolle una confianza subyacente de que no importa cuál sea el problema, sobrevivirá. Superar sus problemas (especialmente los recursos) le ayuda a mejorar sus habilidades, conocimientos, estatura, experiencia y confianza en sí mismo. Después de resolver un problema, puede esperar ser más grande, mejor y más exitoso. Si lo piensas bien, todos los logros más grandes del mundo sucedieron debido a un problema que debes resolver. Cada problema es una oportunidad.

Cada persona en este mundo tiene problemas. Esto se debe a que el universo cambia constantemente, y las personas necesitan trabajar con estos cambios. El cambio es una ley natural que no puedes repetir. Sus posibilidades de cumplir con éxito los cambios dependen de la forma en que los ve y los trata, y no evitándolos.

Usted tiene el poder de controlar sus pensamientos y emociones, por lo tanto, también puede controlar su actitud. Puedes usar, manipular o influenciar los cambios en tu mundo y dentro de ti. Puedes controlar tu destino. Con un pensamiento positivo, puedes resolver todos los problemas que enfrentarás.

Si no nos desafían constantemente, nos debilitaremos, como si estuvieras en una cama de hospital durante un período prolongado, tus músculos se agoten y tu densidad ósea disminuya, debemos ser desafiados constantemente para mantenernos fuertes.

Ejercicio de pensamiento positivo - Replanteo positivo

La próxima vez que algo salga mal, intente replantearlo de una manera que sea beneficiosa para usted. Por ejemplo, si el lanzamiento de su producto no va tan bien como esperaba. Podría decirse a sí mismo: "Esto hará que hagamos un producto aún mejor, que podría venderse más que el anterior debido a sus mejoras". Gíralo de la forma que más te convenga.

La historia de Charlie Ward

Charlie Ward pertenecía a una familia pobre. Empezó a trabajar durante su infancia. Cuando tenía 34 años, fue enviado a la Penitenciaría de Leavenworth, debido a un crimen que no cometió.

Estaba lleno de ira durante sus primeros días en la cárcel. Sin embargo, todo cambió cuando decidió ser un "pensador positivo". Leyó diferentes libros en la biblioteca de la prisión para mejorar su conocimiento del mundo. También hizo todo lo posible para convertirse en el mejor preso de Leavenworth.

Después de mi tiempo, se convirtió en el superintendente de la planta de energía de la prisión. Debido a sus pensamientos positivos, fue capaz de cambiar su vida. Cuando salió de la cárcel, se convirtió en el presidente de la compañía de una gran empresa llamada Brown and Bigelow Industries. Sus habilidades de administración fueron increíbles: aumentó las ventas anuales de la compañía de $ 2,000,000 + a $ 50,000,000 +.

Si Charlie nunca hubiera ido a la cárcel, nunca podría haber alcanzado este nivel de éxito. Si quieres una vida sin problemas, te espera un shock. La única manera verdadera de vivir una vida cómoda es aprender a sentirse incómodo, aprender a enfrentar los desafíos y desarrollar una sólida confianza en que, sin importar lo mal que se ponga, lo superará.

La declaración "hazlo"

Necesitas hacer las cosas si quieres tener éxito en la vida. Tener una idea brillante es bueno, pero generalmente no es suficiente. Necesita convertir su idea en algo práctico y completar las tareas que requiere. Aquí hay una regla básica que debe recordar: las personas exitosas no dejan las cosas a medias. Hacen lo que se necesita hacer lo mejor que puedan.

A partir de hoy, pronuncia la frase "Hazlo" cada vez que necesites hacer algo. Cuando digas esta frase, haz las cosas que necesitas hacer. Nunca digas esta frase si no puedes completar las tareas asignadas a ti. Si una tarea es factible y beneficiosa, instrúyase a "Hacerlo" tan pronto como sea posible. Con la práctica regular, esta declaración se grabará en su subconsciente. Trabajarás instintivamente en tus preguntas hasta que termines.

Si no estás acostumbrado a este tipo de afirmación de "arranque automático", practícalo con tareas menores. Al hacerlo, puede establecer el hábito de "actuar de inmediato" en situaciones de emergencia o cuando hay algo que debe hacer.

Nota importante: debe cumplir sus tareas para ser un "pensador positivo". Los pensamientos positivos se volverán amargos si no actúa sobre ellos y completa las tareas que requieren. Si no cumple con sus ideas, el pensamiento positivo puede tener un impacto negativo en su vida.

El ingrediente secreto más importante para todo éxito

El famoso filósofo Confucio dijo una vez: "El que dice que puede y el que dice que no puede, ambos tienen razón". Antes de que logres algo, debes creer que puedes, hasta el fondo. Para lograr cualquier habilidad o alto nivel de rendimiento, creer que puedes hacerlo es una necesidad absoluta. Esta es la razón por; Para aprender una gran habilidad o lograr un gran acto, debes ser hábil. El talento es algo con lo que se nace; La habilidad se desarrolla a través del entrenamiento y la práctica. Todos los verdaderos maestros de cualquier cosa, ya sea deporte o tocar el violín, tienen que someterse a un aprendizaje de diez mil horas. Este es el número que se repite una y otra vez en las personas que están en la parte superior de su campo Puede estar diciendo bien, hay algunas personas que recién nacen con eso. Por ejemplo, Mozart era un niño prodigio, Venus y Serena Williams sobresalían en el tenis desde una edad temprana. Estoy completamente de acuerdo con que lo eran, pero si sigues las migajas de pan, verás una historia diferente. El padre de Mozart era compositor y desde una edad ridículamente joven le estaba enseñando los fundamentos de la música. Mozart produjo sinfonías cuando aún era muy joven, pero la mayoría de los críticos de música estarían de acuerdo en que no eran muy originales, y fue solo después de que superó la marca de las diez mil horas que creó piezas de verdadera originalidad y genio. El padre de las hermanas Williams las llevaba a las canchas de tenis desde que eran muy jóvenes y solían tomar un Bote de basura lleno de pelotas de tenis y haz que practiquen su uso. El punto es este: puedes rastrear a cualquier maestro real de su oficio y ver el trabajo y el desarrollo de habilidades que condujeron a él, solo tienes que estar dispuesto a mirar.

No se desanime con la marca de las diez mil horas y no la vea como esta montaña que debe superar. Este número está involucrado en personas que dominan una habilidad, pero puedes llegar a ser extremadamente competente en muchas habilidades mucho más rápido que esto. El punto es que necesitas poner el esfuerzo y el trabajo. ¿Por qué, entonces, pondría en el nivel de trabajo necesario para obtener un alto nivel de competencia si no creyera que podría hacerlo en primer lugar? Simplemente, no harías el trabajo necesario porque sería simplemente una pérdida de tiempo. Así que esta es la razón por la que necesitas una creencia inquebrantable de que puedes hacerlo. Solo entonces verá la recompensa y podrá profundizar y poner el trabajo en la consecución de sus objetivos. La creencia es, pues, la base para desarrollarte. Debes forzar tu mente para creer.

La historia de Will Smith

El padre de Will Smith trató de inculcar las creencias y actitudes mentales positivas en Will desde una edad muy temprana. Levantó a Will para creer que podía hacer cualquier cosa. Un verano, su padre derribó una pared de ladrillos en el frente de su negocio. El padre de Will procedió entonces a decirle a Will, de doce años, y a su hermano, que tenía nueve años, que lo reconstruyera. Los dos niños dijeron que era "imposible". El trabajo les tomó un año y medio para completar. Entonces su padre le dijo: " Nunca me digas que hay algo que no puedes hacer".

Luego Will se convirtió en un músico exitoso y ganó el primer premio Grammy a la mejor interpretación de rap. Luego las cosas empeoraron cuando uno de los álbumes de Will fracasó, y para cuando cumplió los diecinueve, estaba en bancarrota. Will Smith pasó de valer millones a tener que conducir un scooter porque era más barato en gasolina. Luego se mudó a Los Ángeles. Hubo un programa de televisión llamado The Arsenio Hall Show. Will simplemente se paró fuera del estudio casi todos los días en que el programa se filmó durante aproximadamente un año y medio, solo conociendo gente. Entonces un día conoció a un hombre llamado Benny Medina. Benny es la vida real Fresh Prince of Bel- Air. Iba a lanzar la idea al estudio cuando Will lo conociera. La t Lo conectamos y se decidió que Will iba a ser la estrella del espectáculo. Fue un gran éxito y lanzó a Will al estrellato una vez más. Will usó la plataforma de este éxito como un trampolín y luego entró en la industria del cine. Ha recaudado casi 100 millones en la taquilla en casi todas las películas en las que protagoniza. Había perdido todo su dinero, pero debido a su mentalidad y su actitud no solo pudo escalar sino que también superó los niveles de éxito anteriores. Debe tener una creencia impenetrable de que puede lograr sus objetivos.

Ejercicio de positividad - Instil creencia

Cualquiera que sea su objetivo, debe tener una creencia incuestionable de que puede hacerlo. Solo decida que lo va a hacer. Debes forzarte a hacerlo. Como sin ella no conseguirás nada. Lea los libros y escuche a los oradores motivadores que lo ayudan a inculcar esta creencia. Encuentra lo que funciona para ti y corre con él. Lo que una persona puede hacer, otra puede hacer.

Conclusión

Gracias de nuevo por conseguir este libro.

Espero que este libro pueda ayudarlo a dominar el arte del pensamiento positivo y ayudarlo a mostrarle por qué es necesario. Recuerda que si cambias de opinión, cambiarás tu realidad.

Parte 2

EL PODER DE LA ENERGIA POSITIVA

La Actitud es la clave del éxito.

Los estudios recientes realizados sobre la actitud han proporcionado unos datos muy interesantes. A pesar de las ideas de todos, la educación contribuye solo un 15% en la obtención de un nuevo trabajo o promoción, mientras que el restante 85% se debe a la actitud. Por lo cual, la importancia de la actitud en alcanzar el éxito en la vida es innegable. Una actitud positiva es la clave del éxito. Cada uno de los momentos de nuestra vida está determinada por ésta diferencia entre los obstáculos y el camino al éxito.

La palabra "actitud" se aplica a todos sin importar la edad y profesión. Ya sea que seas un estudiante o un ejecutivo, un sirviente o un profesor, un empleado o un empleador: la actitud es la palabra clave. Sin una actitud positiva uno jamás se volverá un buen profesor, estudiante o empleador. Un empleador con una actitud negativa jamás podrá mantener una buena relación con sus empleados. La consecuencia, sin duda, es el derrumbe de su negocio.

"La Inteligencia le mostró la visión de la Educación Empresarial y el Conocimiento convirtió la visión en realidad. Pero la actitud negativa lo arruinó todo"

"Cada persona tiene un objetivo y ambición diferente pero el origen del éxito es solo uno: ACTITUD. Lo es todo en la vida. Te sigue a todas partes, hagas lo que hagas, vayas a donde vayas, y seas quien seas"

"La Actitud no se puede aprender, se debe adquirir"

Si la actitud lo es todo, ¿no es tu principal deber enfocarte en tu actitud en lo que sea que hagas? Siempre pregúntate como tu actitud afectará tu vida, ambiciones y por supuesto, a las personas que te rodean.

El Pensamiento Positivo lo es todo

En la famosa historia bíblica, un pequeño pastor mató a un gigante. David, un pequeño pastor de 17 años visitó a su hermano. Le preguntó a su hermano si él podría luchar con el gigante, Goliat. Su hermano le respondió a David, "Goliat es demasiado grande para golpearlo". David le contestó "Él no es demasiado grande para golpearlo, pero si demasiado grande para fallar". El pequeño muchacho salió con una honda a pelear con el gigante. El mató al gigante con una honda. Por lo tanto, mientras tengas la fuerza de voluntad y la confianza, puedes lograrcualquier cosa sin importar el tamaño de la dificultad.

La moraleja de la historia es que todos tienen una percepción diferente de una enorme tarea. Las personas perezosas y tímidas simplemente se dan por vencidas en la tarea, pensando que es muy difícil lograrlas. Sin embargo, los sabios y los valientes tratan por todos los medios de lograrlas.

"La palabra IMPOSIBLE" solo está en el diccionario de los tontos" –Napoleón Bonaparte

Siempre recuerda esto. Imposible significa "Posible para mí"

La Actitud del Trabajo en Equipo

El trabajo en equipo es el secreto del éxito para cada negocio u organización. ¿Alguna vez te has preguntado porque un determinado país es pobre, mientras otro es rico? O ¿Por qué una compañía está en auge mientras la otra está en decadencia? La respuesta puede reducirse al trabajo en equipo. Un equipo es exitoso porque sus miembros son trabajadores, honestos, confiables, cooperativos, y trabajan como un gran equipo. Su mayor activo es "el espíritu de equipo". Un buen equipo bajo un líder visionario es indiscutible.

"Lo que un individuo no puede hacer, lo puede hacer un equipo. Por otro lado, lo que un equipo puede hacer no puede ser realizado por un individúo".

Un solo jugador habilidoso no puede ganar si los otros miembros del equipo son débiles. Un solo trabajador laborioso y honesto no puede mejorar el negocio si sus compañeros de trabajo son incompetentes. La debilidad de un individuo puede ser compensada por el resto del equipo. Pero ¿Qué pasa si solo

hay un trabajador competente en el

equipo?
Nada es más valioso e importante que las personas: el "recurso humano" de una compañía. El Dinero y los equipos son recursos secundarios. Cada corporación y negocio cree que necesita cambiar primordialmente la actitud de un empleado, antes de establecer nuevas políticas y planes en la compañía. Los empleados se vuelven buenos jugadores, solo después de que han adquirido la actitud correcta. Por lo tanto, el éxito de cada esfuerzo colectivo depende de la habilidad y fuerza de voluntad de los miembros para trabajar hacia una meta y lograr los objetivos del grupo.

La buena virtud y la personalidad crean

una Actitud Positiva

Para cada actividad y programa, debe haber una basepara tener éxito. La personalidad, la virtud, la honestidad, y los buenos valores son ingredientes de una actitud positiva. Aunque hay otros parámetros y estrategias que necesitan ser consideradas, sin estos fundamentos básicos, los parámetros y estrategias más valiosas serán menos importantes.

- ¿Por cuánto tiempo puedes decir "Gracias", "Lo Siento" y "De Nada" cuando realmente no lo sientes?
- ¿Por cuánto tiempo puedes ganarte el corazón de otra persona con tu sonrisa falsa?
- ¿Por cuánto tiempo puedes mentirte a ti mismo?
- ¿Por cuánto tiempo tu corazón te permitirá actuar como un hipócrita?

La respuesta a todas estas preguntas es "sólo por un tiempo". Siempre recuerda que cuando no estás hablando, tu rostro habla por sí solo. No importa cuán duro lo intentes, no puedes esconder tus expresiones faciales. Tu falsa sonrisa se manifestará fácilmente en tu rostro.

Inclusive si puedes esconder tus emociones de los demás. ¿Aun así puedes esconderlas de ti mismo? Nunca puedes ser feliz mientras te mientas a ti mismo. La felicidad proviene del alma, no de los labios. Es un pecado traicionar nuestra alma porque es el templo del cuerpo y la mente. Ser honesto contigo mismo y con los demás es un ingrediente esencial para la felicidad.

"La corona y gloria de la vida es la personalidad"

Sin una actitud positiva y una buena personalidad, todo es solo momentáneo; como una burbuja que puede estallar en cualquier momento. Cada acto que realices debería basarse en una fuertebase. Un edificio, una montaña o un árbol: la fuerza de cada uno está determinado por la fuerza de sus cimientos. Por lo tanto, una fuerte base es la clave del éxito y de la felicidad en la vida.

Factores que influencian tu actitud

Hay un número de factores que influencian la actitud de un individuo. La actitud no es el resultado de los genes o la herencia. Desarrollamos nuestras actitudes al vivir en sociedad. Generalmente, existen tres factores principales que influencian la actitud de uno: la educación, la experiencia y el entorno o ambiente.

La Educación

El analfabetismo es ciego y la educación es

la fuente del conocimiento. Es la fuente de la luz y eleva al individuo desde las profundas oscuridades y lo hace desarrollar completamente el cuerpo y la mente. La educación nos da conocimiento, lo cual se convierte en sabiduría y finalmente en actitud. Hace a la persona humilde.

"Las aguas tranquilas son profundas"
"Un recipiente vacío hace mucho ruido"
El propósito de la educación no es solo para ganarse la vida, sino también para hacer una buena persona. Nos enseña cómo vivir cordial y felizmente con los demás.

La Experiencia

Nuestra actitud frente a otra persona es también determinada por nuestra experiencia con otros. Nuestra actitud hacia esa persona será buena, si hemos tenido una buena experiencia. Igualmente, podríamos ser negativos en nuestra actitud si hemos tenido una experiencia negativa.

"La Primera impresión es la más

importante"

Aprendemos bastante de la experiencia. Determina nuestra actitud frente a los demás. ¿Si no aprendemos de nuestras experiencias, entonces cómo aprenderemos? Aprendiendo de un error sin repetirlo en el futuro.

Tendemos a cometer errores y equivocaciones en la vida, pero los errores nos permiten comenzar de nuevo.

El Entorno

Tu entornono solo influencia tu dieta, crecimiento, lenguaje y educación, sino también tu mente y actitud. Los factores de tu entorno tales como la cultura, la religión, los amigos, el hogar, las tradiciones, la política, la escuela, las películas, la televisión y los periódicos;influyenen la actitud de un individuo. Cada uno de estos factores del entorno, juega un rol directo o indirecto en la mente y la actitud de las personas. No solo es difícil, pero podría ser imposible, demostrar una actitud positiva en un entorno negativo.

Las leyesvigentes y otras situaciones también juegan un papel muy importante en determinar la actitud de las personas. ¿Cómo puedes esperar una persona honesta respetuosa de las leyes en una sociedad corrupta? ¿Cómo puedes esperar una vida feliz y pacífica en una sociedad destrozada por la guerra?¿Cuánto tiempo puede soportar un empleado honesto cuando todos sus superiores son corruptos? Cuando nuestros líderes son incompetentes, ¿Cómo funcionará exitosamente la maquinaria administrativa del estado?

Las personas vivirán y trabajarán honesta y armoniosamente en un entorno pacífico y honesto. Por lo tanto, es fácil ver las diferencias en actitudes entre buenos y malos entornos. Visita cualquier bien disciplinado ambiente de trabajo y ve como el personal es bien portado y cooperativo. La disciplina que aprenden de la oficina gradualmente se convierte en hábito, lo que a la vez los hace personas buenas y disciplinadas.

Ventajas de la Actitud Positiva

El agua y el aceite nunca se mezclan. Igualmente, una persona con una actitud positiva se comportará diferente de una persona con una actitud negativa. Él/Ella siempre se distinguirá de los demás, sabrá cómo hablar y comportarse con los demás, y frecuentemente es bien disciplinado, cooperativo, tolerante y modesto.

La actitud que demuestras a los demás es lo que recibirás a cambio de ellos.

Una vez, un paciente moribundo de tuberculosis (TB) acudió al doctor para recibir tratamiento. El mismo día, una persona muy saludable también fue a tratamiento. El doctor tomo radiografías de ambos hombres. Él deliberadamente le mostró los resultados de la radiografía de la persona sana al paciente con tuberculosismientras que al paciente sano le fue dado el resultado de laradiografía de la persona con tuberculosis. Después de ver el resultado de laradiografía, el paciente con tuberculosis se dio cuenta de repente de que su salud realmente estaba muy bien y que se estaba perjudicando a sí mismo. Lamentó haber sido negligente con su salud debido a su temor de morir pronto. El miedo a la muertelo mantuvo apartado del ejercicio y buenos alimentos por mucho tiempo. Sin perder tiempo, empezó a hacer ejercicio y a comer bien. Se convirtió en una persona completamente saludable después de tres meses. Por otro lado, la persona saludable se deprimió y lloró, pensando que su atractivo cuerpo estaba enfermo.El pensó que moriría pronto. Dejó de alimentarse bien y de hacer ejercicio pensando que estaba enfermo.

El ejemplo anterior muestra que mientras uno tenga la fuerza de voluntad y una actitud positiva, uno puede salir victoriosoen situaciones difíciles. Hay una serie de beneficios que puedes acumular al mantener una actitud positiva. Mientras tengas una actitud positiva, la puerta del éxito estará abierta para ti. Es beneficioso tanto para usted como para los demás. También es importante desarrollar una actitud de humildad y disciplina, lo que a cambio te hará una persona buena y agradable.

Una actitud positiva agregará entusiasmo a tu vida,a medida que te vuelves popular entre las personas que te rodean. Te convertirás en una fuente de inspiración para otrosya quequien te conoce,se ve influenciado por tu carisma y actitud.

"La palabra*gracias* con una sonrisa cálida no te costará nada pero significará mucho"

La actitud positiva no está limitada por el tiempo y el espacio: sus efectos y consecuencias en el entorno laboral son enormes. En primer lugar, se crea un ambiente muy cordial, cooperativo, bien organizado y disciplinado. En el trabajo, esto significa que todos los empleados se llevan bien juntos. ¿Quién no quiere trabajar en un ambientetranquilo? La actitud adecuada crea un fuerte espíritu de equipo, lo cual es la clave del éxito para todas las empresas. Un gran y eficiente trabajo en equipo garantiza una mayor productividad, y se refleja, en la mejora de la calidad de los servicios o productos ofrecidos por la empresa. Esto, a su vez, influencia las ganancias del negocio. Un buen paquete salarial no es el único factor motivador para trabajar. Los buenos miembros del equipo y un ambiente de trabajo motivan igualmente a los empleados.

CAMBIANDO TU ACTITUD

"El niño es el padre del hombre".
-William Wordsworth.

"La niñez presenta al hombre, como la mañana presenta al día".
-John Milton.

Hay muchas cosas que queremos concluir desde estas dos líneas. La actitud de una persona está influenciada principalmente por el entorno en que creció. Un niño el cual es criado en un entorno educado y disciplinado tiende a mostrar una actitud más positiva que el niño criado en un ambiente indisciplinado. Los niños que aprenden modales y disciplina, adquieren una buena personalidad y desarrollan una actitud positiva durante la infancia, son afortunados porque este comportamiento les durará toda la vida. Los buenos comportamientos son fomentados naturalmente del propio entorno, la experiencia y la educación.

Sin embargo, una persona que no está expuesta a un buen entorno todavía puede cambiar su actitud. No hay límites para aprender nuevas cosas, y por lo tanto, no hay límites para realizar mejoras en la vida. Puede tomar tiempo pero uno puede aprender una actitud positiva de la experiencia y educación.

El primer paso para superar la actitud negativa es dejar de culpar a los demás. En vez de eso, obsérvatea ti mismo para identificar los comportamientos que puedes mejorar. Piensa en cosas positivas, y empezarás a hacer cosas positivas naturalmente.

Enfócate en lo Positivo

El primer paso para cambiar la actitud es empezar a buscar y pensar por lascosas buenas. Como estamos influenciados por la experiencia y el entorno, nuestras acciones también están influenciadas por lo que pensamos y por lo que vemos. No mires el lado malo de la gente, sino enfócate en el lado bueno. Visualízate como un alquimista cuyo deber es extraer el oro. Inclusive la persona más santa no está libre de equivocaciones y fallas; entonces, ¿por qué desperdiciar el tiempo en descubrir las fallas de otros?

El primer paso en identificar las cosas positivas en la vida es dejar de mirar los aspectos negativos. Aprender a reconocer los logros de una persona en vez de criticar sus errores. Las personas siempre cometen errores, mientras luchan por conseguir algo.

Los errores son el alimento de los pesimistas mientras que el éxito es el alimento de los optimistas. Colócate en la categoría que prefieras.

Mientras los pesimistas creen en el trabajo

duro, también creen en evitar riesgos, sin tomar oportunidades. Habitualmente los pesimistas no pueden dormir bien por el miedo a tener pesadillas. Son las personas que fallan en ver el lado bueno de otros, y frecuentemente se sienten aliviados cuando encuentran un pequeño error. Su misión y objetivo en la vida es encontrar fallas ajenas.

Es Ahora o Nunca

Los bosques son encantadores, oscuros y profundos.
Pero tengo promesas que cumplir,
Y millas por recorrer antes de dormir,
Y millas por recorrer antes de dormir.
-Robert Frost.

Algunos de nosotros podemos pensar que el mañana nunca dejará de existir, y pareceque hemos olvidado que necesitamos terminar un montón de cosas en una cantidad limitada de tiempo. Sentarse ociosamente inclusive por un minuto costará una tarea. La peor sobre postergar las cosas es que construyes una actitud negativa.

Cuando completamos una tarea, nos sentimos felices y aliviados mientras que un trabajo incompleto siempre ronda alrededor denuestra mente. Hasta, y a menos que la completes, siempre sentirás que estás encadenado por algo. Haz el hábito de completar solo una tarea hoy, sin dejar pendientes para el mañana.

   El durmió bajo la luna
   El se deleitaba bajo el sol
   El vivió una vida de pendientes
   Y murió sin terminar nada.

-James Albery

Vive en el momento. Quítate el habito de decir, "Lo haré algún día". Cambia esaafirmación a "Lo haré hoy o ahora". Cuando dices algún día, frecuentemente significa "ninguno de estos días". Trata de sobreponerte al hábito de postergar. Siempre recuerda que el ave mañanera atrapa las lombrices más gordas. Trabaja duro hoy para un mejor mañana.

   "El Tiempo y la Marea no esperan a nadie,
   El ayer nunca retorna"

Construir una Autoestima Positiva

Nuestras acciones reflejan lo que está pasando por nuestras mentes. Si nos sentimos y pensamos en cosas felices, nuestro rendimiento será mejor. Si te sientes triste, tu rendimiento desmejora. Mientras no tengas una autoestima positiva, respeto propio y confianza en ti mismo, nunca tendrás éxito en la vida.

Elprimer paso para crear una autoestima positiva es deshacerte del ego. La mayoría de nosotros somos demasiado arrogantes para escuchar las palabras de otros. La arrogancia y la terquedad frecuentemente crean un fuerte aversión hacia los demás. Creemos en lo que pensamos, y habitualmente ignoramos lo que nos dicen los demás. Es importante recordar que no vivimos aislados en la sociedad. No importa cuán educada o intelectual seas, habrá áreas de las cuales no eres consciente. Aprende escuchando a los demás.

Deshazte del Orgullo

"Mi nombre es Ozymandias, rey de reyes:
Mirad mis obras, Poderosos, y desesperad"
Nada queda de lado. Envuelve la decadencia
De ese colosal naufragio, incansable y carente
Las arenas solitarias y llanas se extienden muy lejos.
-P.B. Shelley

El gran rey Ozymandias estaba orgulloso de sus logros, riqueza y poder. Pero después de muchos siglos, nada se le amerita a él. No queda nada: toda su riqueza y poder se fueron, hace mucho tiempo.

El orgullo es el rival del éxito. Por eso nunca ocurren juntos. En vez de enorgullecerte de tu riqueza y poder, es crucial aprender a ayudar a los demás. Las personas podrían no reconocer tu riqueza pero reconocerán tu virtud y amabilidad.

Evitando la Negatividad

Nuestras mentes usualmenteestán influenciadas por la acción y el comportamiento de otros. La Influencia de nuestros compañeros y los medios de comunicaciónestán entre los dos factores más influyentes de nuestro comportamiento. Ocurre debido a la carencia de autoconfianza y autoestima. No logramos nuestros objetivos debido a la falta de confianza en nosotros mismos. Si estás en compañía de tramposos, entonces te convertirás en uno. Igualmente, si estas en compañía de personas honestas entonces te convertirás en una.

¿Cómo definirías "El Éxito"?

Como la definición del amor, la definición

del éxito difiere de una persona a otra. Esto se debe a que cada uno tiene diferentes metas y objetivos en la vida. El éxito significa lograr metas y ambiciones establecidas. El éxito es la palabra más dulce, pero frecuentemente es difícil de lograr por la mayoría de las personas. Detrás de la historia de éxito de cada persona, hay una historia llena de problemas y fracasos. El secreto del éxito es:

"SIGUE TU FELICIDAD"

TRABAJANDO HACIA EL

ÉXITO MASIVO

El mantra del éxito es muy simple: establece un objetivo y aproxímate a él con una actitud positiva. El éxito no es un milagro; más bien, es la consecuencia de la paciencia, el trabajo duro y la dedicación. Si leemos la biografía de cada gran persona en la historia, encontraremos que el éxito es un largo camino de dolor y grandes esfuerzos. No hay atajo para el éxito. Las personas tienen éxito porque se atreven a luchar contra los problemas y obstáculos que se le atraviesen en su camino. Debemos aprender de su duro trabajo y coraje. No perdemos nada en adoptar los caminos comprobados de otros para eléxito en la vida. Podemos ser exitosos en nuestra vida, al aplicar principios comprobados.

"No conozco la clave del éxito, pero la clave del fracaso es intentar complacer a todos."
-Bill Cosby

La ley del éxito es muy simple: aplica las características y elementos del éxito y triunfarás.

Los Obstáculos al Éxito

Hemos aprendido cómo podemos crear el éxito. La otra cara de a esta realidad es que también podemos crear nuestros propios fracasos. Hay muchos factores que presentan de forma directa o indirecta los obstáculos al éxito en la vida. La mayoría de ellos son el resultado de la insensatez humana y la ignorancia.

- Falta de confianza.
- Una inadecuada planeación.
- La arrogancia.
- La familia y los problemas financieros.
- El exceso de confianza.
- Falta de compromiso.
- Inadecuado entrenamiento y orientación.
- Miedo a afrontar el fracaso.
- Falta de perseverancia y determinación.
- Un inadecuado objetivo.
- Falta de estabilidad.
- La ingenuidad.

Es muy fácil superar los obstáculos, una vez que los identificamos. Aquellos que superan los obstáculos en la vida son más experimentados y se toman la vida más en serio. Tienden a ser más exitosos en la vida que aquellos que nunca han experimentado obstáculos y dificultades. Los obstáculos y problemas aparecen en la vida de vez en cuando, pero el secreto del éxito es superarlos. Siempre recuerda que algunas de las tareas más fáciles fueron alguna vez difíciles. Imagínate andar en bicicleta. Nadie puede darse el crédito de haber aprendido a andaren bicicleta cuando era pequeño sin caerse de ella al menos una o dos veces.

El Fracaso – Una oportunidad

El fracaso es el pilar del éxito: cada gran historia exitosa es también una gran historia de fracaso. De hecho, si estudias la biografía de cada gran persona exitosa, encontrarás más fracasos en su vida que triunfos.

El éxito no es nada más que la culminación de cientos de fracasos. El éxito es solo lo que se ve a primera vista, como la punta de un iceberg. Lo que se esconde debajo es una multitud de fracasos y frustraciones.

Hubo un gran hombre en la historia cuya vida estuvo adornada con fracasos en todas las etapas de su vida. Fracasó en los negocios cuando tenía 21 años; perdió en una carrera legislativa a los 22 años; falló nuevamente en los negocios a los 24 años; su novia murió cuando tenía 26 años; tuvo una crisis nerviosa a los 27 años; perdió una carrera para el congreso a los 34 años, perdió la carrera para el senado a los 45 años; perdió el intento en convertirse en vicepresidente a los 47 años; y fue derrotado nuevamente en la carrera para el senado a los 49 años y fue entonces cuando tenía 52 años que finalmente fue electo como Presidente de los Estados Unidos. Esta es la historia del más grande presidente de los Estados Unidos, Abraham Lincoln.

Ahora, Abraham Lincoln es reconocido como uno de los mejores presidentes en la historia de los Estados Unidos. La historia de su vida es uno de los mayores éxitos en la historia de la humanidad.

Igualmente, ¿puedes ver la historia de su vida como uno de los mayores fracasos en la historia de la humanidad? La perseverancia y la lucha le trajeron el éxito a Lincoln. Si se hubiese dado por vencido después de algunos fracasos entonces no se mencionaría a Abraham Lincoln en los libros de historia.

"Al final todo estará bien".
- William Shakespeare

Thomas Edison, el mejor inventor en la historia de la humanidad falló aproximadamente 10.000 veces en su lucha por inventar una bombilla. Te sorprenderá saber que este gran hombre tuvo una educación formal de alrededor de solo 3 meses en su vida. Y estarás aún más sorprendido de saber que él era un niño parcialmente sordo de 4 años, que regreso un día de la escuela con una nota de su profesor. La nota decía "Su Tommy es demasiado tonto para aprender, sáquenlo de la escuela". Su madre le enseñó en casa.
La historia del éxito de cada gran hombre está llena de desilusiones, fallas, contratiempos, y traiciones. Enfrentarlas

con una sonrisa como un gran guerrero te traerá eventualmente el éxito. Sin esfuerzo, no hay éxito.

"El éxito siempre estará ahí para ti, pero él es el maestrodel juego del escondite" Hacemos nuestro propio destino. Los grandes hombres crean sus propias líneas de destino mientras que los hombres comunes creen que estas líneas están escritas en la palma de su mano. El gran Napoleón Bonaparte corto y cambio su propia línea del destino con un cuchillo enla palma de su mano, después de que un astrologo le dijo que las líneas en la palma de su mano predecían que él sería derrotado en la próxima batalla.

"El destino no es una cuestión al azar, es una cuestión de elección; no es algo que debas esperar, es algo que debes lograr"
- William Jennings Bryan

Somos responsables de lo que sea que obtengamos. Si estudias duro, obtendrás buenas calificaciones en tu examen. Si no estudias, no esperes milagros. La vida está llena de opciones: escoge la que más te guste y trabaja duro por lograrlo.

La vida es la Tercera Ley de Movimiento de Newton

"Para cada acción, hay una reacción igual y opuesta."

Si amas a los demás, también te amarán a ti. Si muestras una buena actitud hacia los demás, ellos a cambio serán buenos contigo. Si comes demasiado, podrías tener dolor de estomago. Si corres demasiado, podrías distenderte un musculo. La naturaleza nos ha ofrecido abundantes opciones. Tomamos nuestras propias decisiones y así damos forma a nuestros sueños. Los demás pueden guiarte, pero solo tú eres el escultor de tu vida.

El mantra del éxito.

Trabaja duro y trabaja honestamente: este es el mantra del éxito. Haz lo mejor que puedas, y el éxito vendrá naturalmente a ti.

La Personalidad

La Personalidad es la manifestación de la verdadera persona que llevas adentro. La personalidad lo incorpora todo, así que lo es todo. Se necesita bastante personalidad y coraje mientras luchas por tener éxito.

No dejes que los demás te arrastren hacia abajo. Cuando estás a punto de alcanzar el éxito, nunca faltaran los críticos. No caigamos en las manos de los rumores y los chismes. Pregúntate, "¿Quiénes son estos críticos?" Los críticos no son más que los perdedores en la vida, quienes pasan su vida entera murmurando y difundiendo malas noticias de los demás. No debes caer presa en las manos de tales perdedores. Cuando cumples tu ambición, ve como esos críticos reaccionan a ti. Ahora, ellos no dirán nada por ti porque no pueden tolerar la gloria y el éxito de otros. Sus ojos solo ven las áreas grises y sus corazones solo laten por las equivocaciones de los demás.

> "Cuando la riqueza se pierde, nada se pierde,
> Cuando la salud se pierde, algo se

pierde,
Cuando la personalidad se pierde, todo se pierde."

Tu valor, dignidad, respeto, perseverancia, compromiso y honestidad serán recompensados. Mientras tengas personalidad, nada puede detenerte. La calidad de una persona se mide por su personalidad.

La Motivación

La Motivación es inevitable para el éxito. Sin motivación, ¿Cómo trabajarás duro? Una vez que tengas un ardiente deseo de lograr algo, el trabajo duro y la dedicación vendrán por sí solos. Siempre están contigo, pero solo esperan el momento adecuado para aparecer.

Ser Responsable

El mundo sería un lugar mucho mejor y más seguro si todos conocieran su responsabilidad. Una persona responsable es aquella que toma su propia decisión y elige su propio destino. Trabaja muy duro, con honestidad y dedicación. El trabajo es sagrado para él. Para llamarte una persona responsable, debes estar listo para enfrentar todas las comodidades e incomodidades que se presentan en tu camino. Evalúa todos los puntos altos y bajos, las áreas grises, las dificultades, y los factores de riesgo que implican alcanzar tu destino.

Haz una planificación adecuada, haz estrategias y luego movilízate como un gran guerrero. No mires hacia atrás una vez que te propongas alcanzar el éxito. Los errores ocurren en el camino, pero lo más importante es no repetir los mismos erroresuna y otra vez.

Cuando tenía 67 años, un incendio ocurrió en la fábrica de Thomas Edison. Él ya no eraun hombre joven para revivir la propiedad perdida. Incluso la devastada fábricatenía poco aseguramiento. Todos los esfuerzos de su vida se hicieron humo. A pesar de todo Edison reaccionó de otra forma. Observó el humo y dijo, "Hay un gran valor en el desastre. Todos nuestros erroresson quemados. ¡Gracias a Dios! Podemos empezar de nuevo". El incidente del incendio fue uno de los mayores contratiempos en la vida de Edison pero su actitud fue fuerte y positiva. El sabía que debía hacer muchas cosas antes de morir. Él no dejó que el desastre obstruyera su futura misión. Apenas tres semanas después del incendio, el inventó la fonógrafo.

Las personas insensatas ignoran los errores mientras que los sabios aprenden de ellos.

Un Sentido de Compromiso

El compromiso es otro ingrediente para el éxito. Considera este ejemplo: Dos estudiantes que van a la escuela pueden tener diferentes emociones. Si un estudiante va a la escuela pensando que el aprendizaje es su deber, entonces se comprometerá a la tarea que tiene a la mano. Pero si el estudiante solo va por cumplir asistencia, entonces no es más que unaobligación. Lo mismo se puede aplicar a aquellos que practican deportes. Si un jugador juega con la esperanza de ganar, entonces es un compromiso.

Un profesor puede educarte pero no puede hacerte una persona educada. Un entrenador puede hacerte un jugador muy hábil pero no un jugador comprometido. Ellos no pueden cambiar tu actitud. La actitud y el compromiso vienen de tu interior. No se aprenden, sino que se adquieren a través de la experiencia y la educación.

La Perseverancia

Los diamantes se encuentran debajo de la

superficie de la tierra antes de que luzcan en tu cuello y dedo. A un árbol le toma muchos años crecer en su totalidad, pero difícilmente se tarda un minuto para cortarlo abajo. Tu camino al éxito no está hecho a medida con rosas en ambos lados. Si encuentras rosas, entonces debes esperar también las espinas. La perseverancia es una fuerte herramienta contra las espinas que se nos atraviesan. Nos guía hacia la determinación; y la determinación, nos llevará al éxito.

El Coraje y el trabajo duro

No hay otro camino que el trabajo duro para alcanzar el éxito. No importa cuán aguda sea tu mente; las facilidades que te den; los grandes libros que lees, nunca alcanzarás tu objetivo sin trabajar duro. Debes tener el coraje de tomar las tareas difíciles y trabajar duro para lograr el objetivo. Muchas personas creen en la suerte. No se puede negar ese hecho. La suerte también juega un papel muy importante en el éxito. ¿Pero cuánta suerte es responsable del éxito? Tal vez solo el 1%. El restante 99% está dedicado al trabajo duro. Los Milagros ocurren esporádicamente para aquellos que permanecen ociosos, mientras que el éxito ocurre la mayor parte del tiempo para la gente trabajadora.

"Mientras más duro trabajes, más suerte tendrás".
- Henry Ford

Respeta a tus Mentores

Consideramos a nuestros padres por habernos dado la vida, pero les debemos bastante a nuestros maestroso mentores por darnos la luz del conocimiento.

Un día, dos amigos estaban hablando acerca del valor de la educación y de cómo los podría hacer ricos. Al día siguiente, ambos dejaron a sus familias y empezaron a buscar un maestro. Finalmente, encontraron un maestro que prometía darles una buena educación a ambos. Ambos empezaron a trabajar en la casa del maestro. Hicieron todo el trabajo asignado por el maestro. Un año después, el maestro los llamó y les dijo, "Hoy les daré a ambos la recompensa por lo que les enseñé en un año" Los estudiantes estaban muy felices pensando que se volverían ricos al convertirse en maestros. El maestro les dio semillas de calabazacomo recompensa por la educación. Un estudiante estaba muy enojado pensando que desperdició todo un año solo por estas semillas de calabaza. Lastiró al lado de la carretera. El otro se llevó las semillas a casa y las plantó. Las regaba cada mañana y cada tarde. Después de algunos meses, la granja estaba inesperadamente llena de grandes calabazas. Él las vendió en el mercado e hizo mucho dinero por ellas. Gradualmente, se convirtió en el hombre más rico de su aldea, mientras que el otro estudiante permaneció pobre.

La moraleja de la historia es que no podemos alcanzar nuestros objetivos hasta que practiquemos con dedicación, lo que nuestros maestros nos enseñan. Lo que necesitamos en la vida es un objetivo y un maestro que nos guieparalograrlo. Escoger un maestro por sí mismo ya es una tarea muy difícil. No hay garantías de que obtendrás un buen maestro o mentor. Él o ella te mostrarán el camino al éxito.

Mientras más das, más recibes

Puede sonar contradictorio, pero es la verdad. Mira en la oficina, muy pocas personas están dispuestas a trabajar más de lo que se les paga y renuentemente a trabajar horas extras sin que se les pague. Si estas en la categoría de "muy pocos", entonces obtendrás muchas ventajas que nunca habrías esperado antes. Las personas empezaran a confiar en ti. ¿Qué más quieres que otros confíen en ti? Los demás te respetarán y te verán como un líderque está presente en momentos de crisis. Empezaras a inspirar a los demás. Serás respetado tanto por superiores como por los subordinados en la oficina. Y finalmente, te convertirás en una persona más feliz.

No ayudes otros con la esperanza de recibir algo a cambio. Si estimas y ayudas a las personas como ayudas a tu propia familia, es probable que los demás te devuelvan el favor.

No te sientas tímido en admitir tu culpa

Solo somos humanos, y tendemos a cometer errores. Prepárate a admitir tu culpa si hiciste algo mal. Reflejará tu personalidad ante los demás. En un entorno laboral, muchos gerentes estánreacios de admitir su culpa ante sus subordinadas por temor a ser irrespetados. Al mismo tiempo, los subordinados también se muestran reacios a admitir su culpa por miedo a causar una mala impresión a sus supervisores. O incluso podría costarles su trabajo. Esta es unaconcepción completamente falsa.

Mientras transcurre la sentencia tendrás que decir cientos de mentiras, solo para ocultar una mentira. Admitir que has cometido un error mostrará tu sinceridad, honestidad y actitud positiva.

¿POR QUÉ NO SON TODOS EXITOSOS?

Hay una serie de factores que funcionan como un obstáculo para el éxito en nuestra vida. Los siguientes son los obstáculos para el éxito: ellos atan tu pie cuando quieres avanzar y causan tu caída.

Planeación Inadecuada

Sin una adecuada planeación, todo se convierte en un desastre. Si no sabes cómo ensamblar las partes de un rifle AK-47, entonces ¿cuál será el uso de esta poderosa arma? A cada gobierno le toma muchos meses planificar el presupuesto del estado. Ellos realizan una adecuada planeación a largo plazo para dirigir el estado con objetivos y metas. Les ayuda a entender los puntos débiles si no pueden alcanzar el objetivo.

Si te dan diez días para realizar una tarea, toma cinco días en la planeación y después empieza a trabajar. La planeación te da confianza la cual es la clave del éxito. La mitad de la batalla está ganada si todo está ya planeado. Planifica adecuadamente, realiza tu mejor esfuerzo; y aprende a pensar con anticipación.

La planeación y la preparación te ayudaran a solucionar los errores durante la ejecución. Una persona ingenua llora por un error, mientras que el sabio aprende de él. Aprende del error más no lo repitas. Muchos estudiantes sienten la presión de los exámenes. Pero los estudiantes que se preparan de antemano no sienten mucha presión. Si tú planificas y preparas todo con suficiente antelación, manejarás bien el trabajo sin apenas estrés.

Darte por vencido

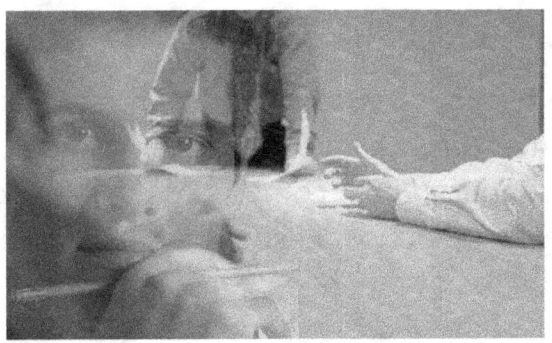

¿Cuál es la diferencia entre ser persistente y ser terco? Ambos involucran seguir un determinado curso de acción. La única diferencia es que la perseveranciaproduce aspectos positivos, mientras que ser terco es un rasgo negativo. A menudo es más fácil renunciar a las cosas, antes de la línea de meta. Muchos de nosotros fallamos en nuestras misiones, no porque no tengamos talento, sino porque no queremos permanecer por más tiempo.

"Un hombre es un héroe no porque es más valiente que los demás, sino porque es más valiente por diez minutos más".
- Ralph Waldo Emerson

Buscando resultados instantáneos

Roma no se construyó en un día. Puedes convertirte en millonario de la noche a la mañana ¿Pero cómo? Por supuesto, a través de atajos. El sueño de esta felicidad y logrosmomentáneos hace que muchas personas lloren toda la vida. Estás arriesgando tu vida si haces una vuelta en U antes de la luz roja del semáforo. Hay un atajo para cada viaje, pero es frecuentemente de corta duración y muy arriesgado

Incapacidad para asumir riesgos

Arriesgarse es uno de los más importantes factores del éxito. Mientras luchamos por alcanzar nuestros objetivos, enfrentamos muchos problemas y dificultados en nuestro camino. Si no los enfrentas con las defensas adecuadas, se perderá tu éxito. O, si no los enfrentas, también mantendrá el éxito fuera de tu alcance.

Muy a menudo, las personas creen erróneamente que la imprudencia y la impulsividad como asumir riesgos. Pero la definición de asumir riesgos va mucho más allá de esto. La definición de asumir riesgos variará de una persona a otra de acuerdo a sus objetivos. Tomar riesgos responsables involucra un estudio y una evaluación cuidadosa de los riesgos que abarcan una tarea. Incluye entrenamiento, preparación y competencia. Por otro lado, un riesgo irresponsable es imprudente con un alto grado de peligro y riesgo. Siempre recuerda que la mitad de la batalla está ganada si estás completamente preparado.

Egoísmo

Ningún veneno es más letal que el egoísmo. Es el origen del dolor y fracasopara todo. El mundo es un lugar muy grande y nos provee de recursos ilimitados para todos nosotros. La persona altruista se siente conforme por lo que obtiene, mientras que la persona egoísta nunca está conforme: dale cien y querrá mil; dale mil y querrá diez mil. Por lo tanto, su egoísmo nunca le permitirá limitar sus deseos.

Sin Confianza

La confianza no es algo que cualquiera pueda proveerte: debes desarrollarla tú mismo. Un profesor puede darte conocimiento pero no confianza, y tu trabajo podría remunerarte bien, pero no necesariamente darte confianza. Hasta y a menos que tengas confianza, no podrás hacer nada por tu cuenta.

"Si hay fuerza de voluntad, hay un camino".

Todos tienen momentos malos en algún momento de su vida. Pero no debería obstaculizar tu camino. Algunos factores pueden ser lo suficientemente fuertes para distraerte. Aquí, aparece la necesidad de tener confianza. A pesar de los enredos y dificultades, tu confianza te mantendrá moviéndote a través del fuego hasta que alcances tu objetivo.

No entender la ley de retornos

Es la ley de la naturaleza permitirnos cosechar lo que sembramos. La acción y la reacción son igualmente fuertes, pero opuestos en dirección. Así, que es muy importante conocer la ley de causa y efecto para tener éxito en la vida. La naturaleza siempre nos dice lo que está pasando. Sin embargo, frecuentemente la ignoramos debido a la ignorancia y la negligencia.

"¿Cuántas veces sonó un trueno hasta que Franklin captara la indirecta?
¿Cuántas manzanas cayeron sobre la cabeza de Newton antes de que captara la indirecta?
La naturaleza siempre nos da pistas.
Nos las da una y otra vez.

Y de repente nos damos cuenta."
- Robert Frost

Miedo al fracaso

Sin duda alguna, el miedo proviene de la falta de confianza. Si tienes confianza entonces no habrá espacio para el miedo. La confianza y el miedo no pueden ocurrir simultáneamente. El miedo acumula ansiedad y disminuye tu eficiencia en el trabajo. No hay manera de demostrar tu potencial y habilidad si el miedo te rodea. En la mayoría de los casos, los miedos se construyensobre bases sin fundamento. La forma fácil de escapar del miedo es abandonar la actividad. Sin embargo, en vez de renunciar, el mejor enfoque es descubrir los orígenes del miedo y después las formas de enfrentarlo.

Incapacidad de aprender de los errores

Si Thomas Edison no hubiese aprendido de sus errores, hoy viviríamos sin la bombilla. Falló alrededor de unas diez mil veces mientras trabajaba en la bombilla. Aprendió de sus errores, y cada error le dio una oportunidad para mejorar.

Toma los errores como una fuente para encontrar la verdad. Te dará coraje y confianza en el futuro para superar los errores. El fracaso hace que una persona sea fuerte, bien preparada y segura. Lo equipa con las herramientas necesarias para solucionar los errores. Es mejor cometer errores y aprender cosas nuevas que sentarte indiferente y no hacer nada por miedo a cometer errores.

Indisciplina

> "Tienes una opción en la vida: Puedes pagar el precio de la disciplina o arrepentirte"
> - Tim Connor

La disciplina es la fuerza invisible detrás de cada logro. Ningún logro puede hacerse sin disciplina. No importa cuán talentoso y hábil seas, nunca podrás tener éxito en la vida a menos de que tengas disciplina.

Un burro viajaba una larga distancia cada día cargando un bulto de sal en su lomo. Un día mientras cruzaba el rio, encontró que el peso de su bulto se reducía a la mitad. Desde ese día, empezó a cruzar el rio cada día para disminuir el peso. El dueño enfrentaba una larga perdida debido a esto. Un día el dueño espió al burro para averiguar cómo cargaba el bulto y se encontró con el truco del burro. Al siguiente día, en vez de sal, él cargó al burro con algodón. El burro sintió la carga incrementarse después de cruzar el rio y casi muere alcanzando su destino. Desde ese día el burro evitó cruzar el rio.

La disciplina nos enseña cómo enfrentar los desafíos de la vida; cómo comportarnos con los demás y cómo manejar las dificultades. El respeto, el coraje, la paciencia, la puntualidad y la confianza son todos ejemplos de disciplina.

Falta de coraje

Cada acción necesita ser manejada con coraje. Debes tener agallas para superar los obstáculos y errores en tu camino. El cobarde espera la ayuda de los demás, mientras que el valiente crea su propio camino. Él es una persona que tiene confianza en sí mismo. El coraje vence al miedo, el cual es la principal causa del fracaso. Una persona tiene éxito en la vida cuando se enfrenta a todos los desafíos que se le presentan. Un cobarde siempre busca el camino de las "excusas" mientas que el valiente siempre intenta descubrir los caminos al "éxito".

La ignorancia

"Cuando piensas que lo sabes todo,
No sabes nada.
Cuando piensas que no lo sabes todo,
Sabes al menos algo".

La ignorancia es la falta de conocimiento. Sin conocimiento, no puedes enfrentarte a nada. Para ganar una ronda de discusión, es necesario equiparte con la información y los hechos concernientes al tema. De otra forma, no serás capaz de darte a entender. Las personas ignorantes no se dan cuenta de que lo son por el simple hecho de ser ignorantes.

Las personas ignorantes no tratan de superarse a sí mismas porque no saben qué y donde deben mejorar. Muchas personas ignorantes y perezosas dependen de la suerte. Si logran algo, lo atribuyen a la suerte. Si fallan, le echan la culpa a la suerte. La suerte se convierte en su punto de excusa. ¿Es justo culpar a la pista de baile si no puedes bailar bien? La suerte solo favorece a aquellos que trabajan muy duro. La única manera de superar la suerte es tomando responsabilidad, y empezar a trabajar en vez de esperar a que ocurran milagros.

Falta de Trabajo

Un proverbio chino dice "La mayor miseria

en la vida es: **falta de trabajo"** El mundo es un lugar muy grande. Nos da suficiente espacio a todos para movernos. Igualmente, nos da suficientes cosas para descubrir. Cuanto más encuentres, más tendrás que buscar. No hay límites para aprender. Date a ti mismo más y más trabajo por hacer.

La Incapacidad para reconocer la oportunidad

"La oportunidad solo toca a tu puerta una vez en la vida.
Tómala o la perderás para siempre"

La oportunidad tiene muchas caras. Un gran maestro del disfraz, siempre viene disfrazado. Usa tu inteligencia y conocimiento para ayudarte a descubrir oportunidades. Siempre debes recordar que las grandes oportunidades vienen con grandes dificultades. Así que cuando tengas grandes dificultades, no pierdas la esperanza. Debes estar preparado para enfrentar las dificultades que encuentres, y tomarlas como un gran desafío que te ofrecerá más oportunidades.

CREANDO UN YO POSITIVO

Aceptar la Responsabilidad

Aceptar la responsabilidad es una señal de responsabilidad. Cuando asumes la responsabilidad, te estás promoviendo al siguiente nivel. Demuestras un sentido de madurez y de confianza de que estás listo para lograr algo que se espera de ti. Sin embargo, cuando los resultados no son los esperados, es importante que aceptes la responsabilidad de ellos.

La aceptaciónde la responsabilidad es una evidencia de tu preparación para lidiar con el fracaso. Por lo general, es fácil encontrar gente que tome el crédito por las cosas que están bien, pero frecuentemente evitan aceptar la responsabilidad cuando las cosas salen mal, al convenientemente pasan la responsabilidad a otros.

Lo que es importante en este contexto es **DEJAR DE PASAR LA RESPONSABILIDAD A OTROS**. No puedes absolverte de tu responsabilidad al decir, "Todos lo hacen", "Nadie lo hace" o "Es la culpa de todos". Debes aceptar la responsabilidad y lidiar con las consecuencias de tus acciones. No tiene sentido echarle la culpa a alguien, o al destino.

Lo que dices importa

Lo que dices importa. Las palabras son como las flechas proverbiales que no se pueden recuperar, una vez que se sueltan del arco. Nada es más doloroso que las palabras dichas sin pensar. Ya sea que sean dichas para herir, es el impacto de ellas lo que generalmente conduce a la ruptura de las relaciones. Por lo tanto, es muy importante estar al tanto de las palabras que se usan en una conversación.

Nunca hables de una forma que te haga avergonzarte si te responden del mismo modo. Recuerda usar el tacto mientras conversas con alguien. Tener tacto significa escoger las palabras adecuadas. Escoge lo que tengas que decir, luego di lo que quieras.

Hablar en exceso no significa que te estés comunicando. Transmite más al hablar menos. Pesa y mide tus palabras cuidadosamente para poder mantener una conversación significativa.

Una vez hubo una persona que tuvo un altercado con su vecino y usó palabras muy duras que lastimaron a su vecino. Después, al darse cuenta de su error, fue al sacerdote de la localidad para confesarse. El sacerdote rompió una hoja de papel en trozos pequeños y le pidió a la persona que los arrojara en la plaza de la villa y regresara. Al regresar, el sacerdote le pidió que fuera a la plaza del pueblo y recogiera todos los trozos de papel. La persona no los pudo encontrar ya que el viento se los llevó. El regresó con las manos vacías. El sacerdote le hizo darse cuenta de que las palabras, como esos trozos de papel de la bolsa no se pueden recuperar, una vez que se liberan.

La Crítica Innecesaria

No te dejes llevar por críticas innecesarias. Podrías haberte encontrado con muchos críticos de cabecera: personas que no tienen nada más que hacer que criticar a otros. La crítica negativa, solo complica las cosas, ya que solo sirve para derribar a las personas.

Se constructivo en tu crítica. La idea es ayudar a alguien a mejorar su rendimiento, no desanimarlo. Debería haber un indicio de solución en tu crítica para ayudar a esa persona. El crítico no debería criticar con la intención de obtener placer al hacerlo. La crítica debería estar enfocada alograr mejoras.

Aquí hay algunos enfoques para la crítica constructiva:

- Asume el papel de un mentor. Critica con la intención de mejorar el desempeño de la persona.
- Si muestras un sentido de preocupación genuina, tu crítica será aceptada y no malentendida.
- No seas vengativo en el enfoque.
- No generalices tus críticas: hazlo sobre un incidente en específico.
- Aclara los hechos. No apresures las cosas para luego arrepentirte. Podrías perder un buen trabajador.

- Esté abierto a la críticas si quieres mejorar, ignorando las criticasinútiles y aceptando los consejos que sean útiles.
- Sé agradecido con la persona que te ofrece críticas constructivas.

No critiques en exceso o te quejes demasiado. Refleja en general tu actitud negativa. Encontrarás un pequeño número de descontentosen cada oficina. Normalmente se quejan de todo desde el clima hasta el aire acondicionado en la oficina. Si una persona se queja todo el tiempo, jamás será tomada en serio, inclusive cuando tiene una queja genuina.

Tal vez recuerdes la historia del pastor que gritaba lobo sólo para divertirse, ya que se aburría cuidando a las ovejas a las afueras de la aldea. Todos los aldeanos venían corriendo con palos cuando escuchaban su grito de ayuda. El pastor se rióde la broma práctica que le jugó a los no tan divertidos aldeanos. Después de unos días, una vez más decidió divertirse, y gritó lobo de nuevo.

Los aldeanos vinieron nuevamente corriendo a ayudar sólo para que se rieran de ellos. Esto sucedió un par de veces más. Cuando el lobo realmente apareció, nadie le prestó atención a los gritos del pastor por ayuda, ya que pensaban que estaba realizando otra de sus bromas infantiles. Debido a esto, el pastor perdió su rebaño al lobo.

Esta historia tiene un mensaje oculto para los que se quejan de forma habitual. Aquellos que se quejan innecesariamente todo el tiempo son ignorados cuando su queja es genuina. Por supuesto, esto para nada significa que no debes quejarte. Quéjate solo si el problema que estás enfrentando es genuino y si no está destinado a acosar a alguien, o si se hace solo por quejarse.

Ser amable y considerado

Si eres amable y considerado, esto se refleja positivamente en tu actitud. Solo una persona que no es vengativa podría demostrar un sentido de bondad hacia los demás. La amabilidad frecuentemente involucra una naturaleza indulgente y compasiva, un deseo y una voluntad de ayudar a las personas necesitadas. Las personas consideradas son comprensivas, porque entienden los problemas de los demás y responden positivamente a ellos.

Debido al tipo de entorno en el que vivimos, podría ser difícil encontrar personas con tales virtudes. Mientras que a todos les gusta que se les muestre amabilidad, algunos pueden rechazarte cuando se les pide amabilidad. La mejor manera de generar amabilidad y consideración es ser considerado y amable.

Aceptando las cosas con luz positiva

Generalmente, tendemos a interpretar las cosas en una luz negativa cuando no obtenemos la respuesta que esperamos de los demás. Necesitamos investigarmás las cosas antes de llegar a una conclusión. Lo que tenemos que hacer es aceptar las cosas positivamente. Siempre es mejor empezar con suposiciones positivas. Cuando tu esposo (a) no regresa de la oficina a la hora especificada, y no lo puedes contactar por el celular, ¿Con que frecuencia se han inclinado tus pensamientos en los negativo de que él o ella han sufrido un accidente? A veces, también puedes haber presionado los botones del pánico. Él o ella podrían encontrarse con un viejo amigo en el camino y podrían estar teniendo una charla con él o ella. Un atasco de tráfico inusual o algunas compras en el camino podrían ser la causa del retraso, lo cual generalmente no es lo que pensamos. Saltar a conclusiones negativas es nuestra perdición.

La mayoría de las veces, la causa de nuestra preocupación es la tendencia a pensar negativamente. Necesitamos aceptar las cosas en una luz positiva. Si llamas a un amigo que no te regresa la llamada, no significa automáticamente que él o ella no estén interesados en ti. Tu amigo podría haber intentado llamarte sin tener éxito, podría haberte dejado un mensaje que no recibiste, o podría estar en una emergencia. Antes de que obtengas alguna aclaración, es mejor que veas la situación en una luz positiva, y no saltar a conclusiones negativas.

Ser un buen oyente

Es fácil encontrar personas que amen hablar sobre sí mismos y de sus logros, pero a menudo es raro encontrar a un buen oyente. ¿Cómo te sentirías cuando quisieras que alguien te escuchara y ellos hablan más de lo que escuchan?

Si quieres hacer buenos amigos o animar a la gente a hablar, sé un buen oyente. El escuchar muestra que te importa, e infunde en la otra persona la sensación de ser importante. Por lo tanto, si quieres que alguien incremente su confianza en sí mismo, escucha atentamente a lo que tiene que decir. Si escuchas atentamente, es probable que la otra persona responda también como un buen oyente.

"Escuchar es el único signo creíble de un gran corazón."
- David Augsburger

Si deseas ser un buen oyente:
- Permiteque el orador, hable.
- No interrumpas sin una buena razón.
- Haz preguntas educadamente. Mostrará tu interés.
- Sé comprensivo y muestra respeto.
- No intentes cambiar el tema.
- Presta atención.
- No distraigas al orador.
- Escucha con una mente abierta, manteniendo a un lado los prejuicios y nociones preconcebidas.
- Escucha las emociones también.

Entusiasmo

El entusiasmo es la entrada al éxito, porque el éxito viene más fácil si tienes el entusiasmo para lograrlo.

"Nada importante se logra nunca sin entusiasmo."
-Ralph Waldo Emerson

El entusiasmo es lo que inspira a las personas a realizar grandes obras. También puedes ser un gran triunfador si cultivas un entusiasmo por la tarea que debas hacer. El entusiasmo es el combustible que hace arrancar tu vida con entusiasmo. Si eres entusiasta, puedes motivar a otros a hacer lo mismo.

Ser honesto con las personas

Sé honesto con las personas y reconócelas honestamente. Nunca pierdas la oportunidad de reconocer a alguien cuando sea adecuado. Haces maravillas a esa persona a través del reconocimiento honesto. Todos anhelan ser apreciados, y unas cuantas palabras de reconocimiento significa bastante para quien las reciba. El reconocimiento debería ser genuino y honesto. Ser honesto con los demás es la clave. Hace que las personas se sientan importantes y queridas.

"La mayor enfermedad de hoy no es la lepra o la tuberculosis sino más bien el sentimiento de no ser deseado"
- Mother Teresa

¿Qué hace que el reconocimiento sea efectivo? Aquí hay algunos consejos:
- El reconocimiento debe ser específico no impreciso. Si reconoces a alguien por hacer un buen trabajo, no tendrá el mismo efecto, a menos que señales la tarea específica por la cual la persona es valorada. Déjala saber por qué está siendo

felicitada. De esa manera continuará abordando ese trabajo en particular de manera similar y trataráde mejorar más
- El reconocimiento debe ser transmitido inmediatamente, y no después de un largo periodo, cuando ya no será tan efectivo.
- Sé honesto con tu reconocimiento. No recurras a palabras insinceras. La apreciación insincera se desmorona.
- No hagas tu reconocimiento condicionado con un "Si" y con "Peros". Déjalo que venga desde el fondo de tu corazón, y sé honesto con lo dices.

Aceptando tus errores.

Un camino muy importante para la superación personal es aceptar tus errores. Cuando alguien señala un error, acéptalo y aprende tus lecciones para que no lo repitas. Es muy duro aceptar tus propios errores, porque la tendencia general es mover la culpa hacia alguien más. Acepta tus errores, aprende tus lecciones, no los repitas, y sigue con la vida. Así es como podemos lograr la superación personal.

El Dialogo es mejor que las discusiones

La discusión es la mejor manera de desperdiciar tiempo invaluable. Podrías volverte impopular con tus socios y amigos, si eres de los que discuten. A nadie le gusta una persona que discute a menudo, y sin razón. Se dice que la mejor manera de ganar una discusión es evitarla. Las discusiones son la mejor manera de contaminar tu entorno inmediato. Nada se gana con discutir. Las personas que discuten son perdedores, porque normalmente, el precio que debes pagar no vale la pena para entrar en una discusión.

A menudo, la discusión no es más que un choque entre egos. Todas las partes involucradas en la discusión están luchando por tener la última palabra. En el proceso, hay mucha acidez y palabras desagradables intercambiadas. Los diálogos son la mejor manera de lidiar con las diferencias de opinión. Los diálogos son las maneras más suaves y sutiles de resolver las diferencias de opinión. Escuchas los puntos de vista de la otra persona, luego presentas tus propias opiniones. A través del proceso de diálogo, llegas a un punto de consenso, lo cual es mucho mejor que discutir tu caso.

Mantenerse apartado de los chimes.

Las personas que chismeancontigo también chismearán de ti a tus espaldas. Los chismesson el camino de las personas que no tienen nada constructivo por hacer. El chisme es un mal hábito que te hace ver solo las cosas negativas. Un chismoso se entrenará a sí mismo para observar solo las cualidades negativas de una persona, y se divertirá al describirlo a otros. Un chismoso escucha apresuradamente y repite a su antojo, es el tipo de persona que ama exagerar y sacar las cosas de proporción.

Los chismesconducen a desarrollar una actitud negativa. Escuchar chismes también puede hacer que desarrolles el lado negativo de tu personalidad. Lo que empieza como diversión usualmente lleva a la calumnia, la difamación, y en arruinar las vidas a través de mentiras ydesilusiones. Arruina reputaciones, rompe hogares y matrimonios, derrumba gobiernos, y arruina carreras. Los chismosos deberían preguntarse a sí mismos las siguientes preguntas antes de dar rienda suelta a los chismes:

- ¿Es la verdad?
- ¿Es inofensivo?
- ¿Es necesario?
- ¿Conduce a la difusión de rumores?
- ¿Estoy dañándole la reputación a alguien?
- ¿Le estoy arruinando la vida a alguien?
- ¿Llevará a arruinar la carrera de alguien?

Cumpliendo Promesas

Todos hacemos promesas, pero no muchos de nosotros seguimos adelante en cumplirlas. Las resoluciones de Año Nuevo, y las promesas en tiempos de elecciones normalmente tienden a ser vacías. En pocas palabras, las promesas son solo declaraciones de intenciones, mientras que los compromisos reflejan el cumplimiento de las promesas. Si las promesas nunca se cumplieran, ellas llevarían al caos en las relaciones. ¿Qué sucederá en las relaciones entre:

- Empleados y Empleador?
- Compradores y Vendedores?
- Esposos?
- Padres e Hijos?
- Estudiantes y Profesores?
- Clientes y Empresas?

Las relaciones que no siguen los compromisos no duran mucho. Los compromisos conducen a la seguridad en las relaciones, ya que remueven el elemento de temporalidad.

Oportunidades Disponibles

Uno necesita aprovechar las oportunidades que se nos presentan. Muchas personas sienten que no reconocen las oportunidades que vienen a llamar a la puerta. Las oportunidades no anuncian su llegada: ellas simplemente van yvienen. Las mayores oportunidades usualmente están "disfrazadas" como obstáculos. Las personas tienden a evadir los obstáculos, y luego se quejan de que no se les brindan suficientes oportunidades. Percibe cada obstáculo como una oportunidad dorada y enfréntala de frente.

Superando el miedo

El miedo es un factor que afecta a una persona. El elemento del miedo no permite a tu potencial tomar una forma práctica. El miedo no les permite a las personas,que trabajen en sus ideas. Tiende a inhibir a la persona y evita que su potencial se manifieste. Una persona miedosa es insegura, carece de confianza en sí misma, y crea obstáculos para todos sus instintos creativos.

Algunos de los miedos a los que las personas se rinden incluyen:
- Miedo a lo desconocido

- Miedo al fracaso
- Miedo al rechazo
- Miedo a no estar suficientemente preparado
- Miedo a tomar decisiones equivocadas

El miedo es un fuerte elemento que causa estrés y que puede afectar tanto tu salud física como mental. En su mayoría, las personas tienden a escapar de situaciones atemorizantes. La mejor manera de evadir el miedo es confrontarlo y superarlo: nunca permitas que el miedo tome el control. Puedes dominar tus miedos a través de la actitud al miedo. Si te rindes ante el miedo, te dominará y nunca permitirá que tu carrera y relaciones florezcan. Analiza tus miedos y enfréntalos.

Disciplina

La disciplina es lo que hace quelas personas alcancen sus objetivos.Las personas culpan normalmente a la suerte o a la falta de oportunidades por sus fracasos. Observando con cuidado, encontraras que es la falta de disciplina la causante de la mayoría de los fracasos. En cualquier disciplina, como los deportes, la universidad, el atletismo, o los negocios, la disciplina es la clave fundamental del éxito.Algunas personas piensan que la disciplina es vinculante y no le permite a la persona libertad. ¿Puede un piloto, no estar sujeto por las disciplinase instrucciones de la torre de control, para aterrizar un avión de forma segura? Ningún individuo u organización pueden dirigir su negocio sin el elemento de la disciplina.

La disciplina es autocontrol, y la capacidad de evitar distracciones y tentaciones. La idea es mantenerte enfocado, y aprender a aprovechar tus energías para lograr tus objetivos.

Mantenerte Enfocado

Mantenerte enfocado en tu trabajo te llevará seguramente al éxito. Enfocarse es uno de los más importantes factores que aseguran que tu trabajo esté bien hecho.

"En el viaje a la autopista de la vida,

mantén tus ojos en el objetivo. Enfócate en la dona, y no en el agujero".

- Anonymous

Hace mucho tiempo en la Antigua India, un sabio estaba enseñando a sus discípulos el arte del tiro con arco. El colocó un pájaro de madera encima de un árbol y le pidió a sus discípulos que apuntaran al ojo del ave. Mientras el primer discípulo apuntaba al ave, el maestro le preguntó que veía. El discípulo le contesto que él veía el árbol, sus ramas, las hojas y el ojo del ave. Todos los discípulos, a excepción de uno, describieron lo que vieron con bastante detalle. A ese discípulo cuando le pidieron describir lo que veía, respondió que solo veía el ojo del ave y fue a atravesar el ojo del ave con su flecha. Después, cuando el discípulo creció se convirtió en el legendario maestro del arco y la flecha, Arjun.

La historia anterior nos indica claramente que el enfoque es lo que se necesita para alcanzar nuestros objetivos. Mantenerse enfocado es mantener tus ojos en tus objetivos.

Florence Chadwick intentaba convertirse en la primera mujer que atravesaba nadando el Canal Catalina. Ella ya había nadado a través del Canal Ingles. Mientras nadaba a través del Canal Catalina ella debía luchar con la densa niebla, el frío extremo y los tiburones. Cada vez que intentaba buscar la costa, su visión estaba bloqueada por una densa niebla. Agobiada por el cansancioy el frío extremo ella continuó, pero se rindió cuando no puedo ver la costa. ¡Imagínate su disgusto, cuando después se enteró que estaba a solo media milla de la costa! Ella no puedo lograrlo porque fuera de los que se rinden, sino porque su objetivo no estaba a la vista. Dos meses después, ella conquistó el Canal Catalina.

Necesitas mantener tu objetivo siempre a la vista cuando estás intentando lograr algo. A menos que esté enfocada, una ponderosa lupa no quemará un papel en una tarde soleada. De la misma manera, una pequeña lupa quemará un pedazo de papel si se mantiene bien enfocada.

Un viajero se detuvo en una intercepción y le preguntó a un anciano, "¿A Dónde conduce este camino? El anciano le preguntó, "¿A dónde quieres ir?" El viajero le respondió, "No lo sé". El anciano le dijo, "Bueno, toma cualquier camino. ¿Cómo hace alguna diferencia?"

No abordarías un tren o avión sin saber a dónde se dirige. Hace que uno se pregunte por qué las personas van a través de la vida sin tener ningún objetivo.

Sueña, solo en triunfar

Washington Irving dijo una vez: "Las grandes mentes tienen propósitos, otros tienen deseos"

La personas tienden a confundir objetivos con sueños y deseos. Los sueños y los deseos no son más que anhelos. Los anhelos se vuelven realidad cuando están apoyados de:

- Dirección.
- Determinación.
- Dedicación.
- Disciplina.
- Fechas Límite.

Los objetivos son sueños respaldados por un plan de acción. Veamos que se necesita para convertir un sueño en realidad:
- Tener un objetivo definitivo.
- Establecer un plan para lograr tu objetivo.
- Mantenerse en constante contacto con las dos anteriores.

Puede haber una serie de razones por lo que las personas evitan establecer objetivos:
- Ser pesimista: Mirar los obstáculos en vez de las posibilidades.
- Miedo al fracaso: algunas personas normalmente dicen que si no establecen objetivos no fallarán. De cualquier forma, ellos fracasan, no tener objetivos es señal del fracaso.
- Miedo al Éxito: Muchas personas le temen al éxito, porque les preocupa cómo serán capaces de manejarlo.
- Miedo al Rechazo: La mayoría de las personas no establecen objetivos por el miedo que acecha en su mente de que sus ideas pueden ser rechazadas.
- Sin ambición: El pensamiento estrecho

es una obstrucción al progreso. Un pescador arrojaría los grandes peces que atrapó de vuelta al rio, mientras mantiene los más pequeños. Un hombre confundido que estaba observando este acto por un tiempo le preguntó al pescador la razón de esto. El pescador respondió que él devolvía los grandes peces al agua debido a que tenía una pequeña sartén. La mayoría de las personas no alcanzan mayores alturas en la vida, a pesar de su gran talento, debido a que cargan una pequeña sartén. Para triunfar en grande, debes pensar en grande.

- Baja Autoestima: Algunas personas, no reconocen sus habilidades inherentes, considerándose a sí mismas un fracaso.

Muchas personas no entienden la importancia de establecer objetivos, y dejan pasar la vida. Podrías encontrarte con muchas personas que desconocen la mecánica de establecer objetivos. Ellos necesitan una guía sistemática para que puedan seguir un sistema.

La mayoría de las personas, cuando se les

preguntan cuál es el mayor objetivo en su vida, no serán capaces de identificar su objetivo. Recibirás algunas respuestas vagas como que quisieran ser ricos, o exitosos, o felices. Tales respuestas no son más que ilusiones. Los objetivos necesitan ser deletreados en términos claros. Haz tu objetivo brillante como una PERLA:

- Progreso Medible. Tu objetivo debería establecerse de manera quese pueda medir su progreso de vez en cuando.
- Específico. Si alguien dice que quiere ser capaz de correr diez millas en un tramo algún día, eso no constituye su objetivo, sino su deseo de hacerlo. Sin embargo, el decir que será capaz de correr diez millas dentro de un mes, definitivamente toma la forma de un objetivo.
- Realista. Tus objetivos deben ser realistas. No puedes establecer un objetivo de levantar cien kilos, si no tienes la capacidad para hacerlo.
- Límite de Tiempo. Tus objetivos deberían tener un límite de tiempo con plazos fijos.

- Alcanzable. Establece objetivos que son alcanzables manteniendo en mente tu habilidad y niveles de destreza. No puedes esperar ensamblar un carro si no has sido entrenado para hacerlo.

Los Objetivos pueden ser:
1. A Corto Plazo: Hasta un año.
2. A Mediano Plazo: Hasta tres años.
3. A Largo tiempo: Hasta cinco años.

La vida es dura por el campo,
Pero avanzando poco a poco, es una tarea fácil.
- Gean Gordon

Asegúrate que tus objetivos estén bien balanceados. Necesitarás considerar la importancia de seguir factores en tu vida. Los objetivos a largo plazo son establecidos teniendo en cuenta estos factores:

- Familia. Tu familia es una de las grandes razonespor las que te ganas la vida. Todos tus objetivos y planes en la vida giran alrededor de tu familia.
- Finanzas. Necesitas planificar tus finanzas de tal forma que seas capaz de alcanzar los objetivos en la vida.

- Salud Física. Asegúrate de cuidar bien tu salud física. Un cuerpo sano te servirá bien para alcanzar tus objetivos.
- Salud Mental. No dejes que tu mente esté ociosa. Mantenla ocupada y aguda. Tu carrera y objetivos en la vida dependen ampliamente de tu salud mental.
- Responsabilidades Sociales. Necesitarás identificar tus responsabilidades sociales, sin las cuales no serás capaz de lograr tus objetivos en la vida. Todas nuestras interacciones están orientadas a la sociedad de una forma u otra, ya sean individuos, grupo de individuos o una organización.
- Perspectiva Espiritual. Una saludable perspectiva espiritual representa tus sistemas de valores.

Es importante mantener un buen balance entre los factores anteriores. Las cosas pueden salirse de control cuando hay un desequilibrio crítico en inclusive uno de los factores anteriores.

Cuida tus Objetivos

Si no apuntas a nada, no tiene sentido fallar en nada. Si vas a apuntar, apunta alto. No tiene sentido apuntar bajo. Es bien sabido que los ganadores ven objetivos, mientras que los perdedores solo ven obstáculos.

Establece objetivos que sean desafiantes para ti y para tu equipo. Cuida de no hacerlos poco realistas, ya que los objetivos poco realistas tienden a desanimar inclusive al mejor de los trabajadores. Cualquier acción que tomes, te llevará ya sea más cerca de tus objetivos o harán lo apuesto, te llevarán más lejos.

Evalúa tu objetivo teniendo en cuenta lo siguiente:

- ¿Es realista?
- ¿Es justo para todos los interesados?
- ¿Ganará buena voluntad?
- ¿Asegurará salud, riqueza y tranquilidad?
- ¿Es consistente con los otros objetivos?

- ¿Es comprometible?

Los siguientes ejemplos fallan la prueba:

Si el objetivo de una persona es conseguir la paz, y solo la paz sin importarle el dinero, es obvio que al final le será difícil sobrevivir. Tal objetivo es inconsistente con otros objetivos que él ha establecido en la vida.

Una persona solo puede perseguir su objetivo de ganar dinero y tener éxito, pero al costo de su salud y las relaciones con su familia. ¿Dónde está la razón en crear tal desequilibrio en los objetivos? Por lo tanto, es importante que observemos nuestros objetivos y veamos que los intereses no entren en conflicto.

Los objetivos deben ser Consistentes con tus valores

Cuando estableces objetivos, estás de hecho encontrado tu propósito en la vida. El primer paso pará el éxito es el establecimiento de objetivos. Se dice que cuando apuntas a la luna y fallas, tienes la oportunidad de convertirte en una estrella.

Los obstáculos son esas cosas atemorizantes que vez, cuando quitas tus ojos de tu objetivo.
- Henry Ford

Cada uno de nosotros tiene un propósito en la vida. Aunque la naturaleza general de los propósitos pueda ser similar, en términos específicos cada uno de nosotros sigue un propósito diferente. Una orquesta puede sonar muy monótona si todos tocaran el mismo instrumento.

"No hagas planes pequeños, no tienen la magia para agitar la sangre de los hombres... Haz grandes planes, apunta a grandes expectativas y trabaja".
- Daniel H. Burnham

En términos reales, no importa dónde nos paremos. Lo que es importante es la dirección a la cual nuestras acciones nos dirigen.

Si no tienes un propósito, todo tu esfuerzo y valor son un desperdicio. Mientras trabajas en tu propósito, podría haber instancias donde te preocupas sobre las cosas que están ocurriendo, lo cual no forma parte de tu objetivo y plan. Te preocupas innecesariamente y planificas para tales eventualidades que al final no ocurren. Evita esa planeación negativa.

Acción y Logro

"No confundas movimiento y progreso. Un caballito mecedora se mantiene en movimiento más no hace ningún progreso"
- Alfred A. Montapert

La Acción y el Logro no son sinónimos. Son diferentes en naturaleza, aunque solo puedes alcanzar tus objetivos a través de la acción. La Acción debería estar dirigida en una dirección específicapara transformarse en logro.

Fabre, un científico francés demostró ampliamente este proceso. Tomó algunas orugas procesionarias y condujo un experimento. Estas orugas por instinto seguían a la oruga que estaba enfrente de ellas. Fabre las colocó en un círculo en el borde de una maceta de tal forma que la orugalíder estuviera justo detrás de la última oruga. Fabre colocó comida de orugas en el centro de la maceta. Las orugas continuaron moviéndose alrededor del círculo del borde de la maceta. Al final, después de una semana de moverse en círculos, murieron de agotamiento y hambre, aunque la comida estaba a solo unos centímetros de distancia.

Realizar un acto no garantiza el logro. Existe una broma sobre un hombre que estaba conduciendo con su esposa. La esposa notó que el área por la que estaban pasando le era desconocida. Ella le dijo a su esposo que iban por el camino equivocado. El esposo le respondió, "¡a quien le importa mientras lo estemos pasando bien!"

Si la acción se confunde con logro, podríamos estar haciendo un montón de trabajo sin lograr el resultado final.

Objetivos sin dirección

Existía un peculiar perro que le pertenecía a un granjero, el cual tenía el hábito de ladrar y perseguir a los carros que pasaban. Se colocabaa un lado del camino esperando a que los vehículos pasaran. Un día un vecino le preguntó al granjero siél pensaba que su perro alguna vez atraparía un carro. El granjero le respondió, "Eso no es lo que me importa. Lo que me preocupa es que hará si alguna vez lo atrapa" La mayoría de nosotros pueden estar atrapado en una situación en la que actuamos día a día, sin ningún propósito.

www.ingramcontent.com/pod-product-compliance
Lightning Source LLC
Chambersburg PA
CBHW071852070526
44583CB00016B/1654